ARQUITECTURA
& RESTAURACIÓN

ARQUITECTURA
& RESTAURACIÓN

Arq. Rafael Godard Santander

EDITORIAL
PAX MÉXICO

FACULTAD DE ARQUITECTURA
DISEÑO Y URBANISMO
FADU

El libro muere cuando lo fotocopian

Amigo lector:

La obra que usted tiene en sus manos es muy valiosa, pues el autor vertió en ella conocimientos, experiencia y años de trabajo. El editor ha procurado dar una presentación digna a su contenido y pone su empeño y recursos para difundirla ampliamente, por medio de su red de comercialización.

Cuando usted fotocopia este libro, o adquiere una copia "pirata", el autor y el editor dejan de percibir lo que les permite recuperar la inversión que han realizado, y ello fomenta el desaliento de la creación de nuevas obras.

La reproducción no autorizada de obras protegidas por el derecho de autor, además de ser un delito, daña la creatividad y limita la difusión de la cultura.

Si usted necesita un ejemplar del libro y no le es posible conseguirlo, le rogamos hacérnoslo saber. No dude en comunicarse con nosotros.

Editorial Pax México

Coordinación editorial: Sr. Emilio Lamadrid
Corrección de textos: Sr. Emilio Lamadrid
Recopilación histórica: Lic. Marco Flores, cronista adjunto de Tampico y Sr. Emilio Lamadrid

Derecho de autor: SEP-INDAUTOR, Reg. Púb. 03-2007-030811395800-01

Av. Cuauhtémoc 1430
Col. Santa Cruz Atoyac
México, D.F. 03310
Teléfono: 5605 7677
Fax: 5605 7600
editorialpax@editorialpax.com
www.editorialpax.com

Primera edición
ISBN 978-968-860-959-0

Impreso en México / *Printed in Mexico*

col. Allen Morrison

Agradecemos a todas las personas y organismos que intervinieron para hacer realidad este sueño de rescatar el patrimonio histórico-arquitectónico de la ciudad de Tampico.

A la Comisión Federal de Electricidad, por su compromiso desinteresado con la sociedad y sus riquezas culturales, al apoyar este tipo de obras asi como al Ing. Arnoldo García, Gerente de la División Golfo-Norte.

Al H. Ayuntamiento de Tampico, por las facilidades otorgadas durante el transcurso de la obra.

A cada uno de los asesores que intervinieron para la consecución de este proyecto.

Edificio de Tranvías

Indice

Presentación

por Arq. Eduardo Arvizu Sánchez

Director de la Facultad de Arquitectura, Diseño y Urbanismo
Universidad Autónoma de Tamaulipas

Tampico, ciudad creciente, circundada por un sistema lagunario, y ríos que confluyen en la desembocadura del Pánuco, hoy se encuentra convertido en el centro de operaciones comerciales de los poblados del Sur de Tamaulipas, Norte de Veracruz, Norte de San Luís Potosí con una carga de población flotante del Estado de Hidalgo, tuvo su consolidación de desarrollo desde finales del siglo XIX e inicios del siglo XX.

Aspectos importantes que coadyuvaron a dicho desarrollo han sido sin duda, la Industria Petrolera que trajo consigo el florecimiento de un detonante movimiento comercial de clase mundial; la colonización de distintas etnias y nacionalidades, entre las cuales destacan las de los ingleses, norteamericanos, asiáticos y europeos. Así como el sistema de transporte de tranvías eléctricos desde inicios del siglo XX, además de la construcción del edificio que albergara a esta importante compañía que dotaba de transporte eléctrico y energía a la ciudad, siendo estos elementos los íconos representativos que le entregaron a Tampico un rostro equiparable al de una pequeña Babel.

Rafael Godard Santander, nació en la ciudad de México, y adoptó a Tampico como su patria chica, de manera generosa ha contribuido en la producción de profesionales de la arquitectura por lo menos en los últimos quince años, y como consecuencia su influencia creativa se advierte en estos nuevos diseñadores del espacio, que hoy modifican nuestro entorno. Quien escribe esta humilde semblanza, también esta orgulloso de llevar en su formación personal y académica el sello GODARD, junto con otros arquitectos que recibimos su legado de conocimiento.

Dado a su trayectoria se ha convertido en un ícono importante del desarrollo arquitectónico de la ciudad de Tampico, por eso no es fortuito que ambos se encontraran: Arquitecto, espacio, espacio y hombre, y con esta fusión desarrollar este gran proyecto de recuperación arquitectónica.

Maestro, crítico agudo de la producción de nuevos espacios y actor de los retos de la transformación de la zona en este nuevo siglo, presenta esta obra que despierta y deleita el gusto por la Arquitectura.

Proemio

por Emilio Lamadrid

otoño 2006

Me siento a veces triste…
Mi pensamiento entonces
Vaga junto a las tumbas de los muertos,
Y en torno a los cipreses y los sauces
que abatidos se inclinan… y me acuerdo

Manuel Machado

Este libro trata de cómo reflejan ideas y realidades arquitectónicas sobre un cascarón de un edificio que parecía muerto. El arquitecto Godard, examina el proceso de reconstrucción del inmueble, desde una perspectiva teórica al tiempo que ofrece un breve repaso histórico de lo que significó y el servicio que prestó a la comunidad.

En el libro de Marco Vitrubio, encontramos el siguiente argumento:

"la arquitectura es una ciencia que surge de muchas otras ciencias, y adornada con muy variado aprendizaje; por la ayuda de que un juicio se forma de esos trabajos que son el resultado de otras artes. La práctica y la teoría son sus padres. La práctica es la contemplación frecuente y continuada del modo de ejecutar algún trabajo dado, o de la operación mera de las manos, para la conversión de la materia de la mejor forma y de la manera más acabada. La teoría es el resultado de ese razonamiento que demuestra y explica que el material forjado ha sido convertido para resultar como el fin propuesto. Porque el arquitecto meramente práctico no es capaz de asignar las razones suficientes para las formas que él adopta; y el arquitecto de teoría falla también, agarrando la sombra en vez de la sustancia. El que es teórico así como también práctico, por lo tanto construyó doblemente; capaz no sólo de probar la conveniencia de su diseño, sino igualmente de llevarlo en ejecución".

Los arquitectos tienen tres formas de expresar sus ideas y de comunicarlas a los demás: el lenguaje natural, el lenguaje gráfico y el lenguaje arquitectónico. El primero corresponde a lo que dicen o escriben; el segundo tiene que ver con lo que dibujan; y el tercero hace referencia a lo que construyen. Este libro cubre los tres ámbitos de expresión: Godard explica por medio de la palabra escrita, lo que hizo, cómo lo hizo y por qué lo hizo; igualmente nos lo explica con dibujos y, por último, nos presenta el resultado final de lo que hizo.

Estos tres lenguajes poseen rasgos que los hacen trascender de los simples aspectos técnicos o artísticos, para alcanzar la categoría de un verdadero documento que representa el todo que es Godard.

Conozco a Rafael Godard desde hace años. Como yo mismo, Godard no es nativo de Tampico pero ha adoptado a esta ciudad como su patria chica, como su Matria, que diría Don Luís González y González.

Como hijo adoptivo, ha visto a su terruño como una extensión de sí mismo y tal vez, un buen día, al toparse con la ruina del antiguo edificio de tranvías de Tampico fue asaltado por la curiosidad, y se preguntó ¿Qué era? ¿Cómo llegó a tal grado de destrucción?

Un buen día alguien pensó que sería conveniente reconstruirlo. Para la reconstrucción del antiguo Edificio de tranvías, Rafael Godard relata los trámites seguidos para, primero, ganar el concurso de obra publicado por el ente propietario del edificio, la Comisión Federal de Electricidad, y los que desarrolló una vez obtenida la asignación de la obra, para lo que hubo de buscar los elementos necesarios para hacer el trabajo y coronarlo con éxito.

De ahí se embarcó hacía el pasado, para encontrar que el descubrimiento del pasado no es posible, en nuestro medio, por medios científicos. En el viaje hacia atrás, debió ejecutar las cuatro series de operaciones que recomienda González y González: problemática, heurística, crítica y hermenéutica. Con la pérdida de sus edificios, las poblaciones van perdiendo hitos de su historia, y en buena medida, el recuerdo de su pasado, cuando no ha sido recogido ya sea en libros, cantos, consejas o leyendas, desaparece de la faz de la tierra. Esto es más importante cuando como ocurre en tampico, los edificios se han convertido en puntos de referencia que, al principio a los fuereños nos suena a galimatías: Sí es frente a la Ferrolana, o junto a la Vitualla, ambos edificios que ya no existen.

El Arquitecto Godard para esclarecer el asunto que implicaba la reconstrucción, deslindó y subdividió el tema y elaboró un plan de operaciones, reunió testimonios sobre el trozo del pasado

que iba a revivir. Así, buscando y buscando encontró los elementos para reconstruir lo destruido por la desidia y el abandono.
A lo largo de las páginas de este libro, el lector descubrirá el esfuerzo por traer el trabajo en sus dimensiones propias, huyendo tanto de las tentaciones estéticas exageradas de la arquitectura del pasado, como de la seudo moderna estérilmente utilitaria.
Con este libro, el arquitecto Godard, busca poner al alcance de estudiantes, colegas y todos aquellos interesados en temas históricos y arquitectónicos, una herramienta que les permita abordar de una manera general y ordenada, el estudio de los diversos aspectos del trabajo reconstructivo.

Este libro será además, excusa más para escudriñar esa parte romántica de quienes recuerdan a los tranvías, como medio de transporte "a la playa" de sus años mozos.

En mi papel de estudioso de la historia de Tampico, constantemente debo justificar la necesidad de estudiar el pasado, en medio de una época y un ambiente en los que sólo es provechoso el estudio técnico y científico. Por eso, me edifica ver como Godard trae al hoy, la historia del ayer cuando reconstruye un edificio que, en su momento, fue punto de referencia de la geografía urbana de un Tampico que se nos escapa de las manos, por desidia e ignorancia de muchas autoridades y aún de propietarios que han ido destruyendo, poco a poco la historia monumental del puerto. Cuando la mayoría de la gente ve en los estudios históricos una manera creativa de perder el tiempo, el diletante enfrenta a menudo preguntas como: para qué conservar un edificio viejo, o, la más compleja, para qué y a quién sirve. Ambas son difíciles de contestar. Sólo ante un logro como el que relata Godard, es posible responder señalando la recuperación de un bello hito de la ciudad: vea usted, ¡por eso!.

Independientemente de los aspectos arquitectónicos y de construcción, la aportación de este libro, será sin duda, que el trabajo se basó en el análisis histórico de lo local y de la comunidad.

Representa una nueva forma de recuperar un edificio, pues la mayoría de las reconstrucciones hechas, sólo han buscado la apariencia externa y no la utilidad original y la futura.

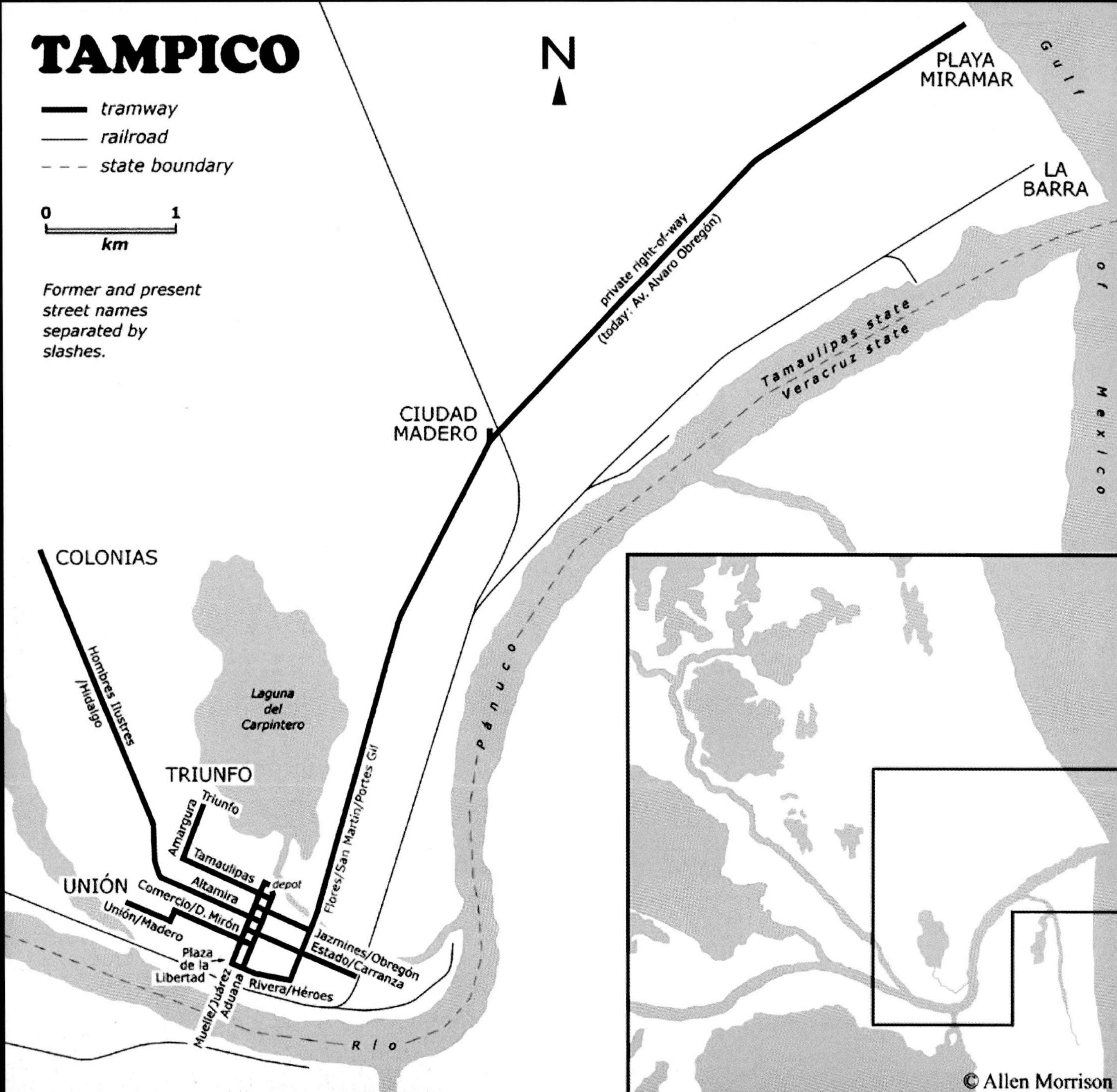
TAMPICO
N
tramway
railroad
state boundary
0
1
km
Former and present street names separated by slashes.
PLAYA MIRAMAR
LA BARRA
Gulf of Mexico
private right-of-way (today: Av. Alvaro Obregón)
Tamaulipas state
Veracruz state
CIUDAD MADERO
COLONIAS
Hombres Ilustres /Hidalgo
Laguna del Carpintero
Pánuco
TRIUNFO
Triunfo
Amargura
Tamaulipas
depot
Flores/San Martín/Portes Gil
UNIÓN
Altamira
Comercio/D. Mirón
Unión/Madero
Jazmines/Obregón
Estado/Carranza
Plaza de la Libertad
Rivera/Héroes
Muelle/Juárez
Aduana
Río
© Allen Morrison

Antecedentes Históricos

Orígenes de la electricidad en Tampico

El alumbrado público se instaló en 1840 poniendo faroles en cada esquina. Estos faroles tenían un depósito de hojalata para el "aceitillo" y la mecha era de algodón. Durante el día, los seis empleados encargados de atender este alumbrado, portando una escalera de pie, procedían a limpiar los faroles y a cargar de "aceitillo" los depósitos. Esta carga se consumía en cuatro o cinco horas porque siendo reducido el tamaño de los depósitos de hojalata, no era posible darle mayores dimensiones ya que habrían producido sombra y nulificado, en parte, el efecto luminoso de la lámpara; por cuyo motivo los "serenos" que así se llamaba a estos empleados, tenían que repetir la operación de recargar a media noche los depósitos de los faroles que cada uno tenía a su cuidado.

col. Allen Morrison

col. Allen Morrison

Esta clase de alumbrado duró hasta el año de 1861, en que fue substituido por lámparas con depósito de vidrio y alimentadas con petróleo, que llamaban gas, con lo que se mejoró mucho el sistema de alumbrado ",.....y su pionero fue el Sr. Ángel Saín Trapaga quien compró un pailebote con petróleo, lámparas y quinqués".... ", este a su vez fue substituido también en el año de 1892, por el sistema de "arco eléctrico". En 1891 don Luís Llorente instaló en el costado poniente de la calle de Aurora, entre Unión y Ribera, la primera planta de luz eléctrica que debía servir para el alumbrado público de Tampico.

En cuanto al alumbrado interior de las habitaciones en aquellos remotos años, se hacía con velas de sebo o de este resina, fijadas en un candelero que se colocaba dentro de un guardabrisa de vidrio de forma tubular, que tenía como veinte pulgadas de altura por diez de diámetro; también en el año de 1860, ya citado, fue cuando este primitivo sistema quedó substituido por lámparas de gas o petróleo, las que continuaron en uso hasta los años de 1908 ó 1909, que fue cuando se empezó a establecer el alumbrado de lámparas incandescentes.

La primera planta de luz

El Sr. Llorente instaló dicha planta en un local de la calle Aurora (ahora Gral. César López de Lara), entre las de Unión (hoy Francisco I. Madero) y Ribera, misma que constaba de una caldera, un motor y un pequeño generador, con la cual consiguió brindar el novedoso servicio a una población que en ese entonces apenas si tenía 8 mil habitantes.

El arranque oficial de la planta del Sr. LLorente congregó a los notables de la ciudad, las autoridades y una muchedumbre que lanzaba exclamaciones de admiración ante tal prodigio. El acto fue amenizado por la Banda de Música de uno de los batallones que resguardaba la plaza.

Operaban esa planta, un electricista inglés llamado Jorge Preck, traído ex profeso de Inglaterra para que dirigiera la instalación y supervisara el funcionamiento del equipo;

así como los hermanos Miguel y Arnulfo Zavala que fungían como caldereros, quienes aprovechando las noches de plenilunio picaban la caldera.
Un marinero de nombre Franky Vega fue el encargado de montar la chimenea.

Por desgracia, don Luis Llorente falleció tres años después, no sin antes haber superado infinidad de problemas inherentes al funcionamiento de la planta
Así, la planta pasó a manos del español don Francisco Pérez, quien al poco tiempo la vendió a una pequeña compañía norteamericana que al entrar en posesión de la misma, la trasladó a los llanos del Cascajal para ubicarla junto a la primera planta de hielo que hubo en Tampico, propiedad de don Atanasio Etienne, en el solar de un cubano de nombre Leopoldo Perdones.

La planta de los Borde

Debido a dificultades financieras por las que atravesaba la empresa americana, la planta fue vendida a don Juan Francisco Borde, ciudadano de origen francés que la reubicó en la esquina que forman las calles de Tamaulipas y Aduana, en la desaparecida isleta del "espartal" (VER CROQUIS A) formada como delta de aluvión en la desembocadura del canal en la laguna en el costado sur de la misma, isla donde tenía una fábrica de gaseosas y que luego fue depósito de los tranvías eléctricos.

El señor Borde mejoró sustancialmente el funcionamiento de la planta generadora de energía, pero poco después tuvo que cerrarse debido a su deceso, por lo que ésta pasó a manos de su hijo, Rómulo Borde. Corría el año de 1906 y las actividades portuarias, comerciales industriales en Tampico iban en constante aumento, generan mayores demandas de energía, por lo que la pequeña planta traída por don Luis Llorente en 1891 resultaba ya insuficiente.

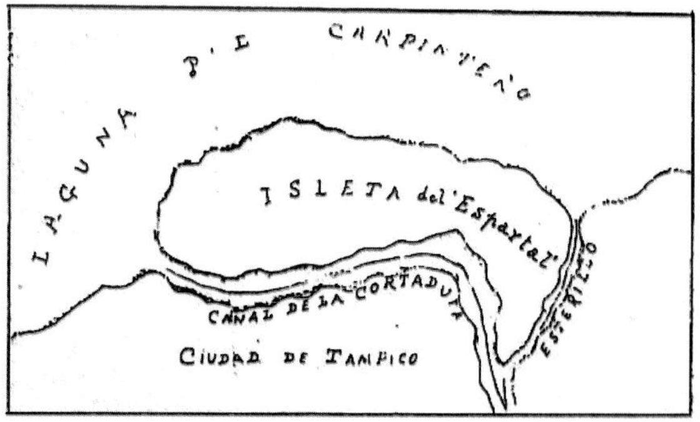

Fue entonces que algunos comerciantes y dueños de fincas entraron en tratos con los representantes de una empresa alemana del señor Ricardo Spiller y el Sr. Cecilio A. Frest para la instalación de una planta generadora más moderna y amplia capacidad, a fin de cubrir la creciente demanda en Tampico que ya se perfilaba como polo de atracción para inversionistas extranjeros y nacionales.

Las gestiones fructificaron y Tampico logró contar con otra planta de fabricación germana, la cual quedó instalada en la calle Carpintero, con lo que mejoró considerablemente la calidad del servicio eléctrico, pues la planta del Sr. Rómulo Borde continuaba operando también.

Todavía, para antes de 1910, el alumbrado de Tampico consistía en una farola incandescente, situada en cada esquina de casi todas las calles, y era motivo de distracción para los chiquillos el ver como diariamente pasaba el empleado de la Compañía de Luz y de un saco de lona extraía un carbón cilíndrico que ajustaba poniendo su vértice a otra pequeño y tiraba el ya gastado que era para lo cual se reunían los chiquillos a recogerlo. Esas farolas eran un poco extrañas pues consistían en un poste que sostenía una especie de cilindro, mejor dicho una base de forma circular con dos varillas de hierro que sostenían una especie le cono hueco que protegía el encendido de dichas lámparas."

Los ingleses y la electricidad

Intervinieron ante los ingleses para que interesaran a inversionistas de aquel país en la construcción de una potente y avanzada pía de energía eléctrica, capaz de suministrar el fluido eléctrico como demandaba el progreso de la zona.

Este asunto causó un enorme revuelo político, pues dada la magnitud de la Inversión que ascendía a 10 millones de libras esterlinas, surgieron escollos por parte de las autoridades tamaulipecas. Los integrantes del Congreso del Estado sostuvieron acalorados debates en torno a los beneficios y atractivos de Tamaulipas, condicionando la autorización a que la empresa aceptara construir pequeñas plantas en diversos puntos del Estado, en una época en que Tampico era la única ciudad de Tamaulipas que contaba con todos los servicios urbanos y una moderna infraestructura.

Gracias a la tenaz defensa que hizo del proyecto original el diputado tampiqueño don Alberto J. Ostos, fue posible vencer tan férrea resistencia, consiguiéndose finalmente la aprobación del gobierno para que la planta en cuestión se ubicara en Tampico, concretamente en las faldas del Cerro de Andonegui y cuyos generadores de alto voltaje ya no eran movidos por un motor como antes, sino que utilizaban turbinas de vapor.

col. Allen Morrison

Surgió en 1918 Compañía de la Luz, Fuerza y Tracción de Tampico, S.A. (Electric Light, Power and Tramways of Tampico), la que dotó a Tampico del más avanzado sistema de energía de la época, superando incluso en potencia al de la Ciudad de México.

Posteriormente, esta empresa adquirió los tranvías de "mulitas" que brindaban servicio de transporte colectivo a la ciudad para transformarlos en eléctricos, sin duda otra importante aportación al desarrollo de Tampico. Al frente de esta nueva compañía quedó el Sr. Harvey Leach, quien por cierto jugó un papel relevante en la construcción del majestuoso edificio de la planta en la calle Tamaulipas , que fue objeto de total remodelación a fin de rescatar su arquitectura original. Este inmueble de estilo británico

col. Harold E. Cox

col. Allen Morrison

col. Allen Morrison

col. Allen Morrison

estuvo durante muchos años en el abandono, siendo sede de las oficinas de la compañía de los tranvías, los cuales pasaban enfrente deteniéndose momentáneamente para entregar lo recolectado en cada recorrido.

Un edificio ejemplar

La construcción del edificio de la planta Tamaulipas fue autorizada por el Ayuntamiento a gestiones del señor Leach en 1917. La importancia que tuvo la planta de Andonegui fue determinante para que Tampico se ubicara a principios de siglo entre las ciudades más cosmopolitas y modernas del mundo, por encima incluso de la Ciudad de México, Monterrey o Guadalajara. La flamante y moderna Cía. Eléctrica de Tampico, S. A., substituía desde entonces con ventaja, a la arcaica "planta vieja" de los señores Borde y la luz amarillenta que la "planta vieja" producía, dejó el lugar a un alumbrado verdaderamente de la categoría de un Tampico que propugnaba por avanzar hacia el progreso. En la calle de Tamaulipas se estableció la nueva planta con modernísimas turbinas, poderosos dinamos, grandes generadores y altas chimeneas y una nueva fuente de trabajo se abrió desde entonces, iniciando una mejor era para la región. Más tarde se construyó otra planta en Andonegui.

Desde sus orígenes la planta de energía eléctrica de la calle Tamaulipas contaba con un galerón de tipo neoclásico el cual servia para reparar y ensamblar los tranvías eléctricos de la ciudad..... cercano un romántico sindicato casino de madera en palafitos de los Electricistas en donde se celebraban atractivos eventos y se podían adquirir especies de la misma laguna ya sea frescos o fritos para deleitar en la fresca brisa del lugar.

Desgraciadamente transcurridos algunos años, éste alumbrado, orgullo de Tampico, jamás superado en toda la República, fue substituido por uno de menor potencia so pretexto de que era demasiado fuerte aquel alumbrado podía causar daños a la vista, y en su lugar se instalaron elegantes y esbeltos arbotantes que hoy están en servicio, pero que jamás podrán hacer olvidar el servicio anterior. Este cambio de alumbrado se efectuó durante la Administración del señor Don Jesús Aguirre Siller, Presidente Mpal. de Tampico en el año de 1931-1932.

William C. Janssen

El 17 de noviembre de 1950, la compañía Eléctrica de Tranvías empresa norteamericana, traspasó el servicio de tranvías a un grupo de trabajadores quienes se organizaron en Cooperativa, tomando ésta el nombre de Sociedad Cooperativa de Transportes Eléctricos de pasaje y carga Tampico-Miramar. Como la Compañía concesionaria juzgó incosteable ese servicio, los tranviarios trabajadores hicieron laudables esfuerzos para organizarse en una empresa que se consideraba incosteable. Al principio se les dificultó conseguir el crédito que necesitaba. Fueron algunos empresarios de Tampico los que les dieron la mano, entre ellos el Sr. Herman H. Fleishman quien permitió un anticipo por añadir en el boletaje la propaganda de la Coca Cola. Bien pronto viajaron a Estados Unidos y Canadá donde en distintas ciudades consiguieron unidades seminuevas con las que siguieron operar hasta que por dificultades con el sindicato que se había formado por los trabajadores no agremiados a la cooperativa, dejó ésta de operar el 13 de diciembre de 1974.

col. Allen Morrison

Raymond DeGroote

Este valioso edificio fue rescatado con su estilo neoclásico Industrial y a la fecha alberga las oficinas administrativas de la C.F.E. de Tampico.

Antecedentes del Proyecto

El edificio ubicado en la esquina de calle Juárez con calle Tamaulipas en la ciudad de Tampico, Tamaulipas, conocido comúnmente como "EDIFICIO DE TRANVÍAS", es catalogado por el I.N.A.H. y por el I.N.B.A.

Es considerado como Edificio Histórico con valor patrimonial por lo que significa en la historia de la Energía Eléctrica en la ciudad.

Siendo propietario la COMISION FEDERAL DE ELECTRICIDAD, el 5 de enero de 1994 lanza a concurso el Proyecto de Remodelación y Restauración para convertirlo en Edificio de oficinas administrativas de la zona Tampico.

Las recomendaciones y reglas que marcó el I.N.A.H. fueron determinantes para poder intervenir el Edificio.

El Arq. Rafael Godard Santander, a cuyo despacho fue asignado el proyecto, siguió fielmente las indicaciones de los expertos de I.N.A.H para proyectar los espacios que CFE requería.

Origen del programa arquitectónico para el proyecto de remodelación del antiguo Edificio de Tranvías que actualmente se encuentran las oficinas de la CFE Zona Tampico

En el año de 1994 las oficinas de la Zona Tampico se encontraban ubicadas en el primer piso del edificio sede de la División Golfo Centro cito en Av. Chairel No 101 Col. Campbell ocupando toda una planta, en donde cada uno de los departamentos que conforman la Zona, trabajaban en espacios limitados careciendo de circulaciones adecuadas y no existía una zonificacion que le diera carácter a las instalaciones.

Considerando que se contaba con un edificio propiedad de la Comisión Federal de Electricidad localizado en un sitio estratégico de la zona centro de Tampico Tam. para dar una atención adecuada al usuario, el personal directivo de la Empresa se dio a la tarea de rescatarlo, aprovechando la necesidad que se tenía de dar a la Zona Tampico un espacio adecuado para cada una de las actividades que realizan cada una de las áreas que la conforman.

Actividades realizadas para llevar a cabo el anteproyecto de restauración y ampliación del Edificio:

1. Se entrevistó al personal de todos los departamentos que integraban la zona Tampico iniciando con la Superintendencia de Zona, llevando a cabo una relación de cada una de las necesidades requeridas por las áreas.

2. Elaboración del Programa Arquitectónico atendiendo cada una de las necesidades levantadas con las áreas.

3. Se llevó a cabo un estudio de áreas en base a la información que se tenía como prototipo de otras divisiones de Distribución, para determinar el espacio requerido, tomando en cuenta el espacio disponible del antiguo edificio

4. Zonificacion de las áreas considerando la interrelación de los diferentes departamentos así como de las circulaciones requeridas, a efecto de determinar su funcionalidad.

5. Elaboración de Anteproyecto en plantas arquitectónicas, para la obtención del visto bueno por parte de cada una de las áreas de la Zona Tampico.

Ing. Gilberto Rodríguez Acevedo
Jefe del Depto. de Proyectos y Construcción
División de Distribución Golfo Centro
Comisión Federal de Electricidad

El I.N.A.H aprueba el proyecto con No. de licencia 141-94 el 13 de abril de 1994.

PROCESO DE DISEÑO:

Elementos necesarios para diseñar:

a) Programa de necesidades.

b) Estudios de áreas.

c) Restricciones planteadas por el INAH.

d) Conocimiento previo del estado actual del inmueble.

Contando con los elementos anteriores, el proceso de diseño inició con una visita para vivir y recorrer ese espacio monumental de triple altura, tome fotografías a nivel de observador en planta baja. De todos los ángulos y visuales posibles.

Definí el concepto del proyecto, este seria enfatizar la triple altura, tratando de respetar, desde la planta baja, las visuales a todo el interior del edificio original incluyendo las armaduras existentes de la techumbre (ver croquis1 y croquis2). Para analizar que tan factible era lograr este propósito, analizamos las áreas que el cliente necesitaba para su oficinas, áreas de publico servicios sanitarios etc. (ver programas de necesidades y estudios de areas)

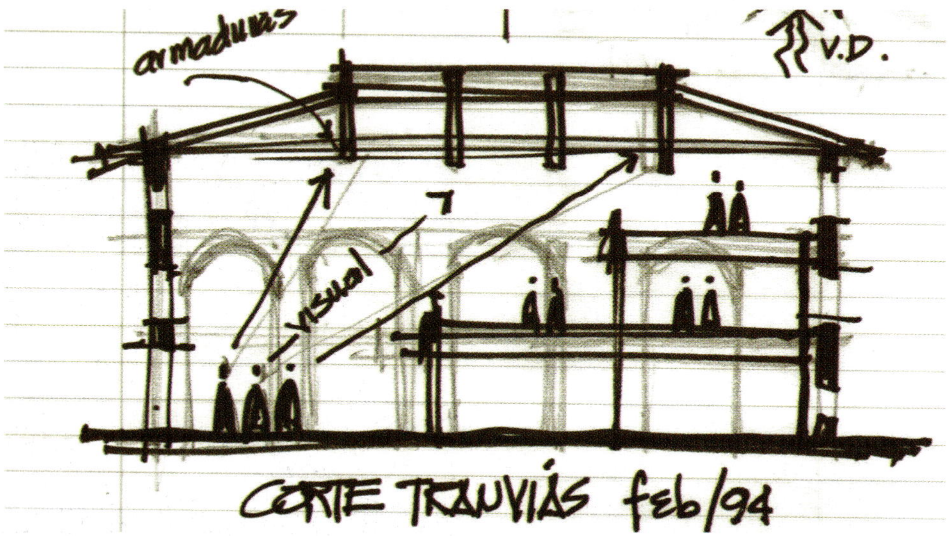

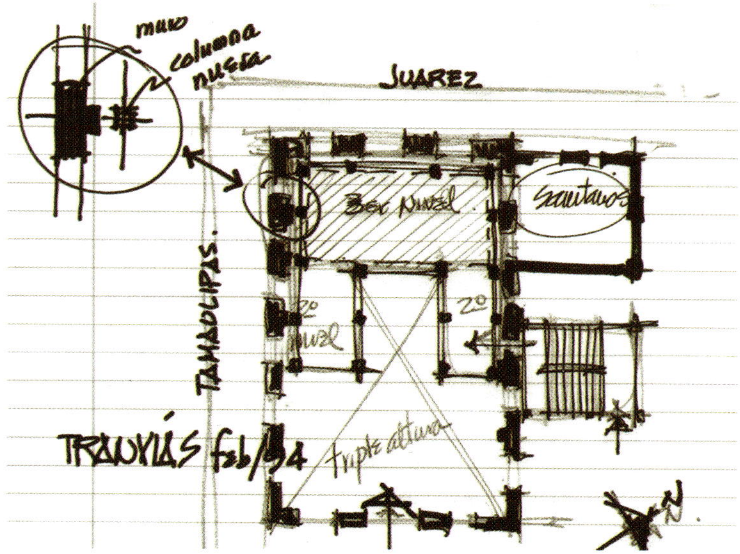

PROGRAMAS DE NECESIDADES.

El programa de necesidades a resolver, las plantea el cliente (CFE), mediante: Relación de personal usuario que deberá tomarse en cuenta para el desarrollo de las áreas dentro del proyecto.

I.-Agencia sucursal Tampico:

a).- Agente Comercial.	1 persona
b).- Oficinistas.	7 personas
c).- De campo.	5 personas
d).- Jefe de atención al publico	1 persona
e).- Oficinista	1 persona
f).- De campo.	5 personas
g).- Jefe de oficinas.	1 persona
h).- Mozo aseador.	1 persona

II.- Superintendencia (Depto.) Comercial:

a).- Jefe de Departamento	1 persona
b).- Oficinistas	3 personas
c).- Adicionales	2 personas
d).- Jefes de Oficina.	2 personas
e).- Secretarias	2 personas

III.- Administración:

a).- Jefe de departamento	1 persona
b).- Contador	1 persona
c).- Cajero	1 persona
d).- Oficinistas	10 personas

IV.- Superintendencia de zona:

a).- Superintendente	1 persona
b).- Oficinistas.	2 personas

V.- Departamento de personal:

a).- Jefe de departamento.	1 persona
b).- Jefe de oficina	1 persona
c).- Oficinistas	11 personas

Total de personas que habitara el edificio:	70 personas

Con la relación de necesidades planteadas por el cliente, se realizo el estudio de áreas necesarias para satisfacerlas.

Las recomendaciones de I.N.A.H, fueron las siguientes:

1.- Respetar las estructuras existentes que estaban en buenas condiciones.
a) Muros exteriores.
b) Armaduras soporte de la Techumbre.

2.- Respetar los vanos existentes.

3.-Las estructuras para soportar los espacios que requería el nuevo proyecto, deberán de concebirse separadas e independientes de las existentes (columnas, trabes, etc.)

4.- Lograr la vista de las armaduras metálicas de la techumbre, desde planta baja, lo cual se logró creando mezzanines desfasados.

5.- Que las instalaciones requeridas como aire acondicionado etc. fueran aparentes.

6.- Respetar la forma de la Techumbre original.

7.- Respetar las armaduras metálicas exteriores existentes las cuales se restauraron o repusieron debido al mal estado por corrosión.

ESTUDIO DE AREAS

Agencia Sucursal Tampico.

Atención al publico	140.00 m2
Área de cajas	27.80 m2
Caja fuerte	9.75 m2
Jefe de atención al publico	14.90 m2
Personal de agencia	95.35 m2
Jefe de facturas y cobranzas	9.75 m2
Agente comercial	12.30 m2
Zona Sicom	52.45 m2

Superintendencia (Depto. Comercial)

Jefe departamento comercial	15.00 m2
Oficinistas	40.00 m2
Supervisor	15.10 m2
Jefe de consumidores	14. 80 m2

Propuesta en planta baja **447.20 m2**

Superintendencia de zona.

Superintendente	20.10 m2
Oficinistas	60.15 m2
Sala de juntas	44.20 m2

Administración.

Personal administrativo (oficinistas)	75.50 m2
Jefe de Administración	11.35 m2
Contador	13.00 m2
Cajero	9.00 m2

Propuesta Primer Nivel 233.30 m2

Departamento de personal.

Jefe de personal	15.80 m2
Jefe de oficina	14. 70 m2
Departamento de personal (oficinistas)	124.00 m2

Propuesta Segundo Nivel 154.50 m2

Servicios.

Baños hombres	12.50 m2
Baños mujeres	16.70 m2
Archivo	26.10 m2
Cto. Aire acondicionado	22.80 m2
Conmutador	9.70 m2

Áreas anexas **87.80 m2**

Las áreas requeridas las comparamos con el área del edificio existente en planta baja y en 1er nivel del anexo existente a la nave principal.

Al comparar estas áreas vimos que el área requerida por el programa de necesidades era menor al área existente, por lo tanto si era factible diseñar un 2° y 3er niveles, de área menor que nos permitieran las visuales que se pensaron.

Otro concepto de diseño fue que la estructura para soportar pisos intermedios necesarios para alojar las oficinas solicitadas, fuera totalmente independiente de la envolvente del edificio original, inclusive pensé en que esa estructura deberá tener un color y materiales diferentes para enfatizar visualmente la separación del edificio original.

En base en el croquis original inicial del concepto en corte, inicie los croquis planteando esquemas de funcionamiento para ver que áreas deberán quedar ligadas, ubicar áreas y accesos de publico en planta baja, ubicar áreas de circulaciones verticales (escaleras), zonificar la ubicación ideal para núcleos sanitarios tanto de público como de los empleados.

En los croquis de funcionamiento dar preferencia a las áreas que deberán quedar ubicados con vista hacia y desde esa triple altura que es la que deseaba lograr. (ver croquis n° 3 de distribución general en planta).

En el proceso de diseño en planta, fuimos pensando que materiales eran los adecuados para lograr la trasparencia desde y hacia la triple altura, que además permitirán privacidad de los cubículos de oficinas (cristal y elementos metálicos como barandales).

Vimos que la escalera para accesar a los pisos superiores, el mejor lugar para ubicarla era fuera de la nave principal centralizada con respecto al eje longitudinal para minimizar las circulaciones horizontales.

Para las comunicaciones peatonales desde la escalera hasta las oficinas de los 2 niveles superiores, se aprovecharon los vanos existentes en el edificio original. La concepción formal de fachadas, ya estaba dada, ya que habrá que respetar la imagen del edificio original, rescatando y rehabilitando áreas dañadas.

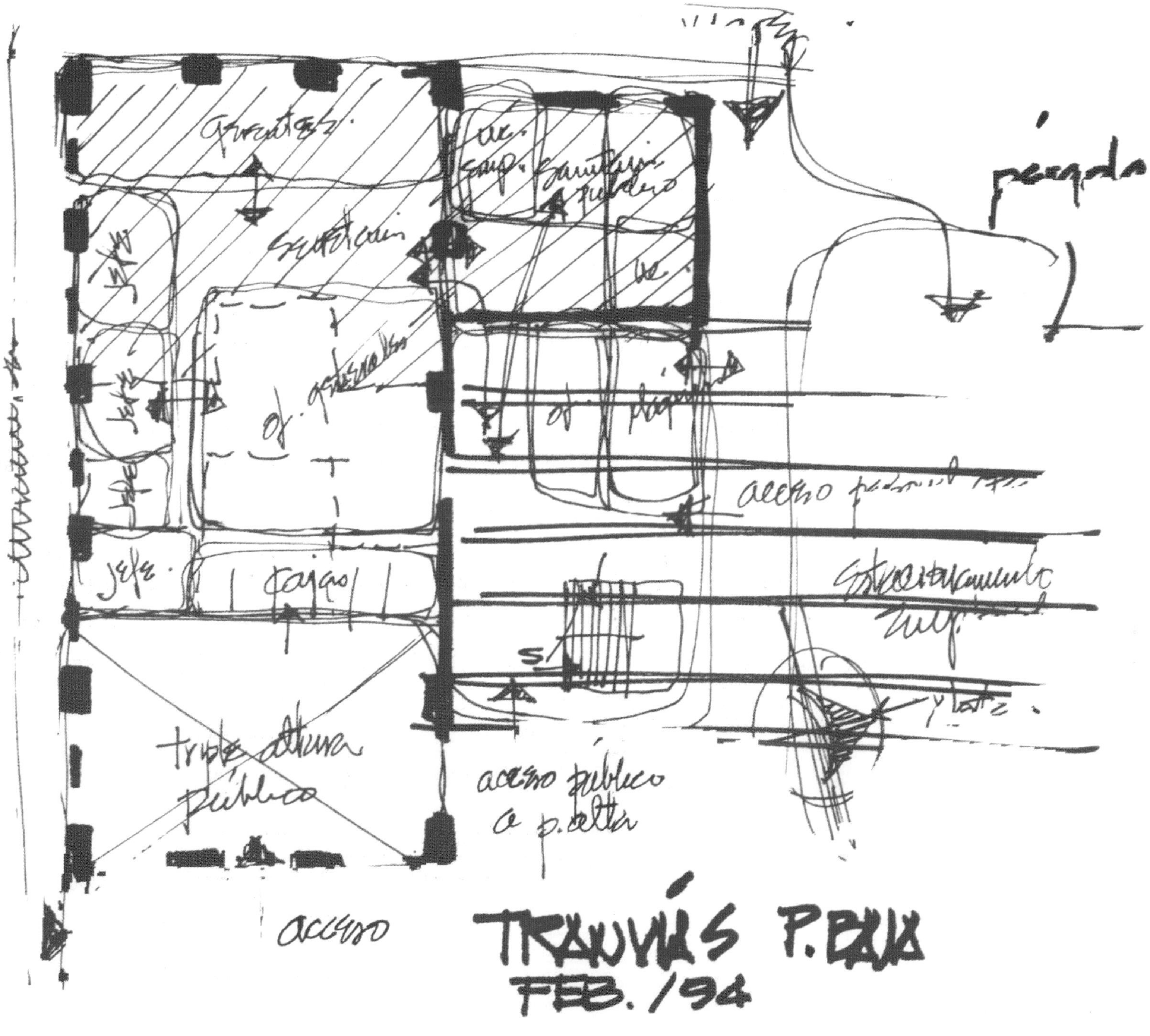
pérgola
acceso
TRANVÍAS P. BAJA
FEB. /94

PLANTA BAJA

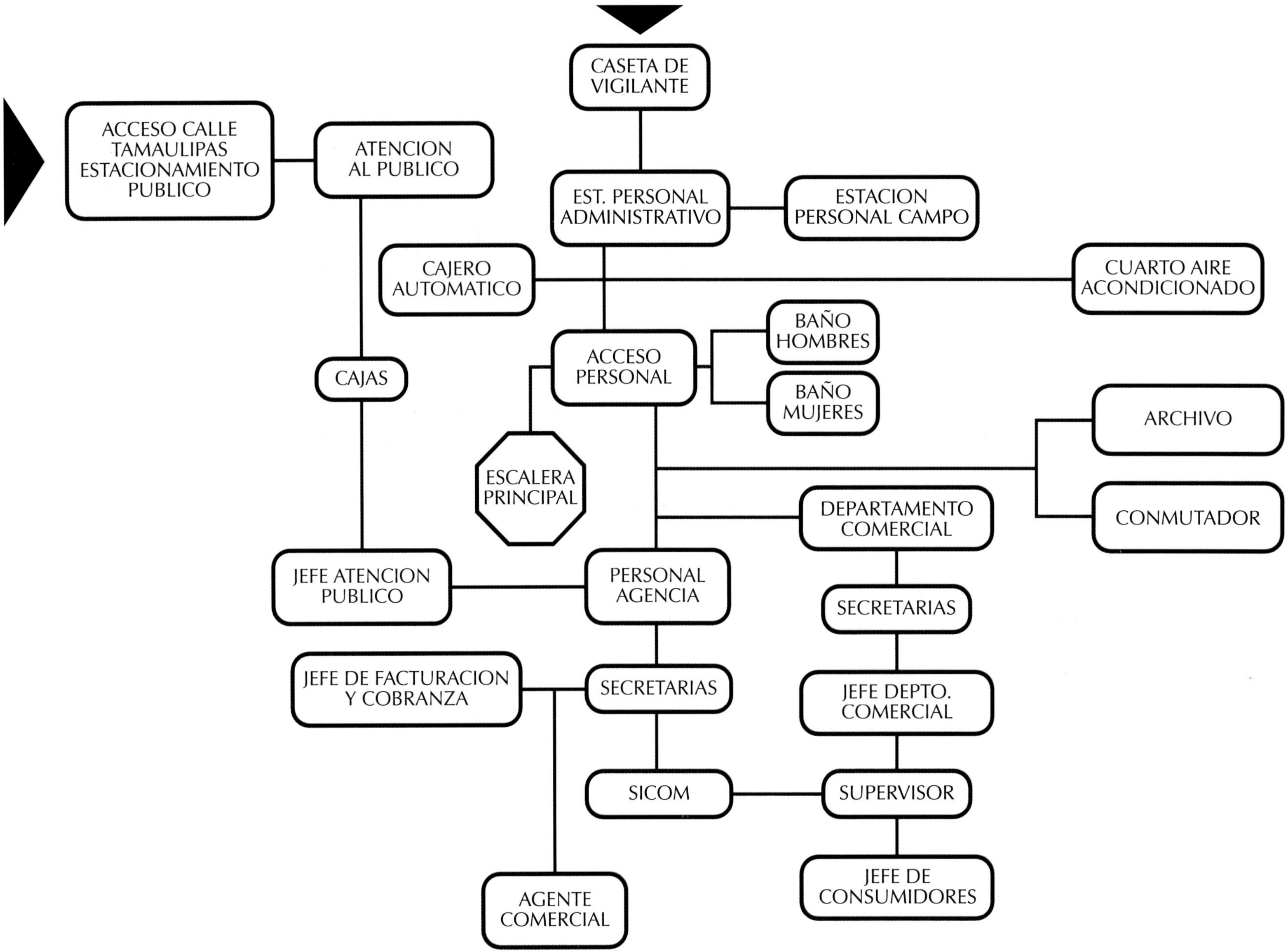
CASETA DE VIGILANTE
ACCESO CALLE TAMAULIPAS ESTACIONAMIENTO PUBLICO
ATENCION AL PUBLICO
EST. PERSONAL ADMINISTRATIVO
ESTACION PERSONAL CAMPO
CAJERO AUTOMATICO
CUARTO AIRE ACONDICIONADO
BAÑO HOMBRES
ACCESO PERSONAL
CAJAS
BAÑO MUJERES
ARCHIVO
ESCALERA PRINCIPAL
DEPARTAMENTO COMERCIAL
CONMUTADOR
JEFE ATENCION PUBLICO
PERSONAL AGENCIA
SECRETARIAS
JEFE DE FACTURACION Y COBRANZA
SECRETARIAS
JEFE DEPTO. COMERCIAL
SICOM
SUPERVISOR
AGENTE COMERCIAL
JEFE DE CONSUMIDORES

PRIMER PISO

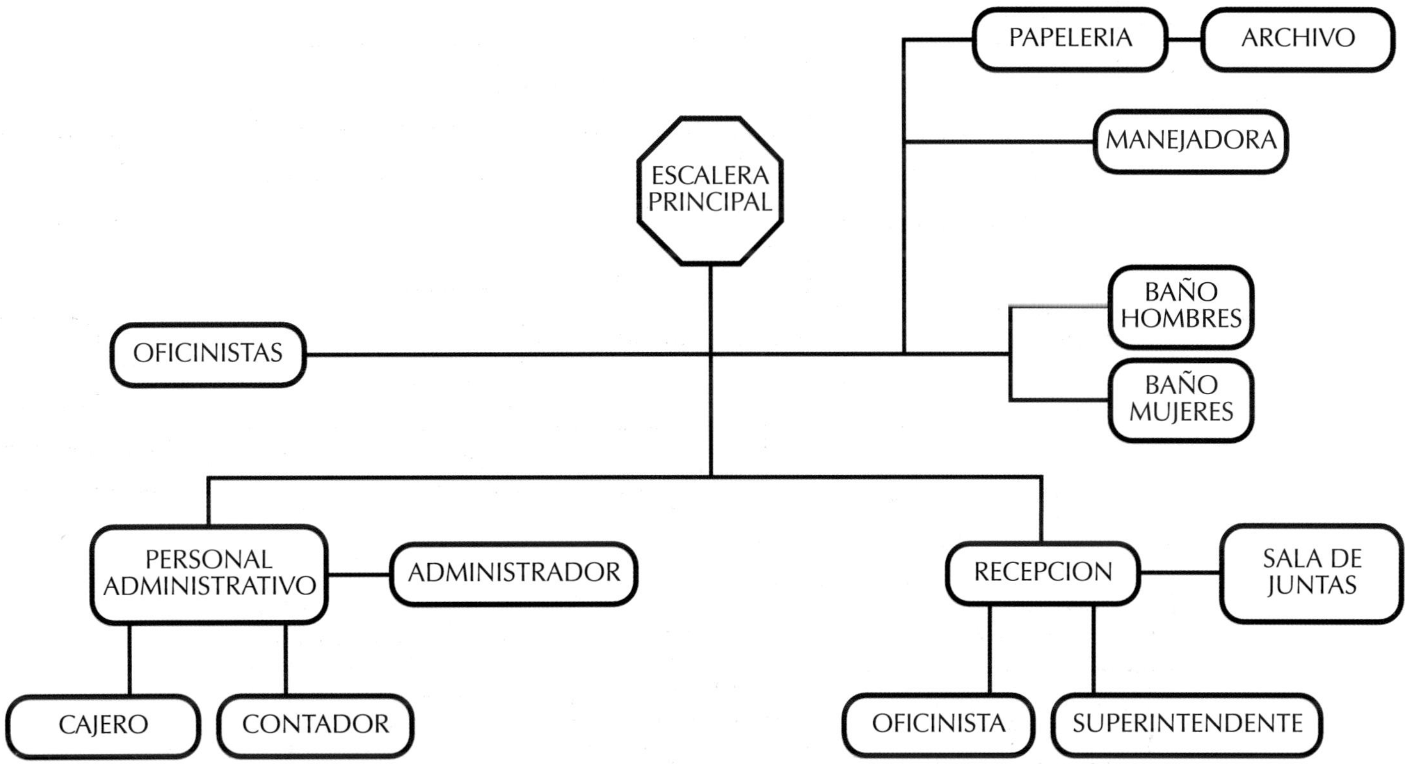

PAPELERIA
ARCHIVO
MANEJADORA
ESCALERA PRINCIPAL
BAÑO HOMBRES
OFICINISTAS
BAÑO MUJERES
PERSONAL ADMINISTRATIVO
ADMINISTRADOR
RECEPCION
SALA DE JUNTAS
CAJERO
CONTADOR
OFICINISTA
SUPERINTENDENTE

PLANTA BAJA

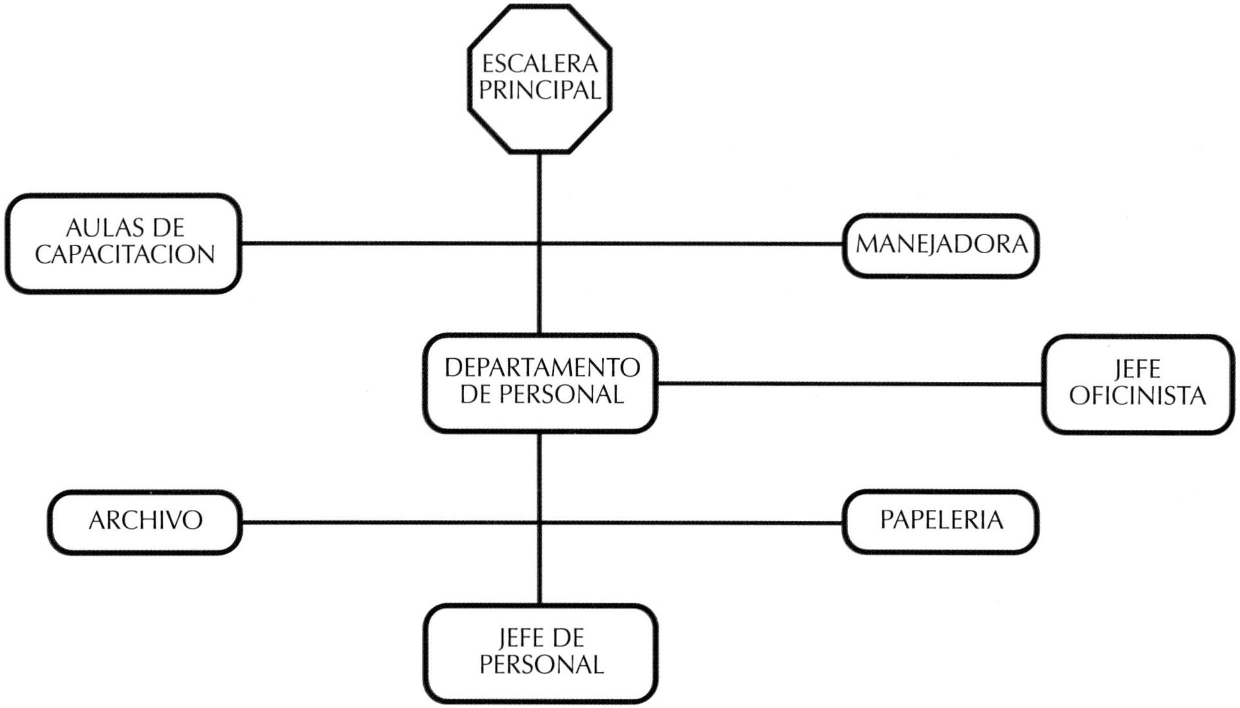
ESCALERA PRINCIPAL
AULAS DE CAPACITACION
MANEJADORA
DEPARTAMENTO DE PERSONAL
JEFE OFICINISTA
ARCHIVO
PAPELERIA
JEFE DE PERSONAL

La aportación creativa se logro en la fachada a calle Juárez integrando la nave principal con la estructura exterior existente a la barda, diseñando una reja similar a la existente en calle Tamaulipas.

Una vez definida y analizada la factibilidad del diseño conceptual, con apoyo de los croquis de funcionamiento, iniciamos el proceso de anteproyecto.

Para poder iniciar el anteproyecto primero se realizó el levantamiento físico del edificio en planta, alzados y cortes, así como del conjunto, plasmando el edificio, sus áreas existentes así como anchos de banquetas y calles.

Contando con planos del edificio existente, con los croquis del diseño conceptual y con los esquemas de funcionamiento, procedíamos a iniciar el anteproyecto.

El proceso de anteproyecto en planta de conjunto, plantas arquitectónicas, fachadas, cortes, se llevo a base de revisiones con las diferentes jefaturas de la zona Tampico y con la gerencia de proyecto de CFE. hasta que fue aprobado por el cliente.

Una vez aprobado por el cliente los turnamos al Instituto Nacional de Antropología e Historia, cuyos arquitectos aprobaron el anteproyecto con la única observación de la modulación de la manguetería de la ventanería de fachadas.

Con el anteproyecto aprobado tuvimos reunión con los especialistas de las ingenierías que intervendrían en el proyecto: hidráulico, sanitario, pluvial, eléctrica, aire acondicionado y estructural.
Una vez terminado el proyecto ejecutivo, el cual consta de 49 planos. Se entrega a Comisión Federal de Electricidad, que convoca a concurso de obra mediante licitación publica.

Proyecto Arquitectónico

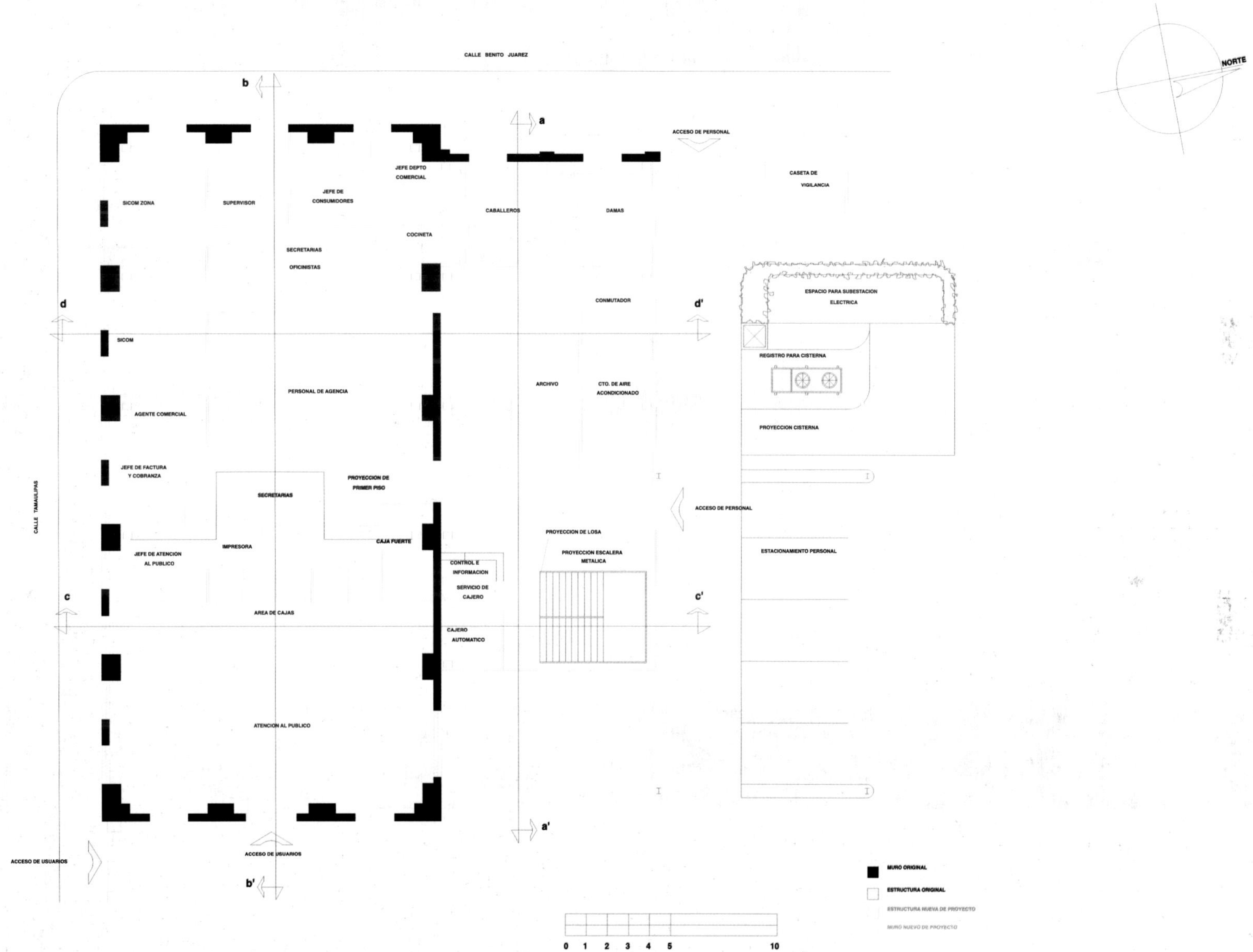

ARQUITECTONICA / PLANTA BAJA

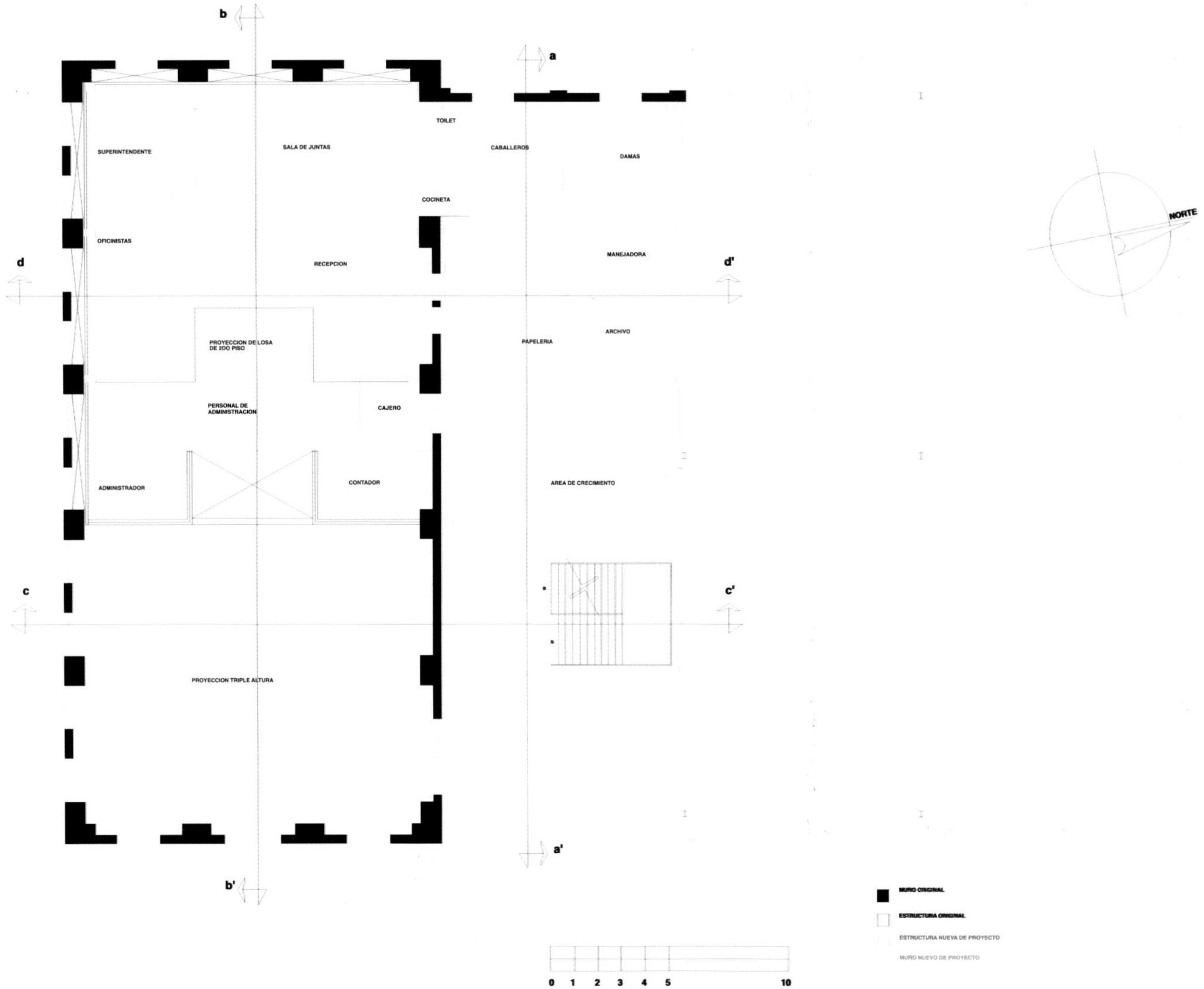

ARQUITECTONICA / NIVEL 2

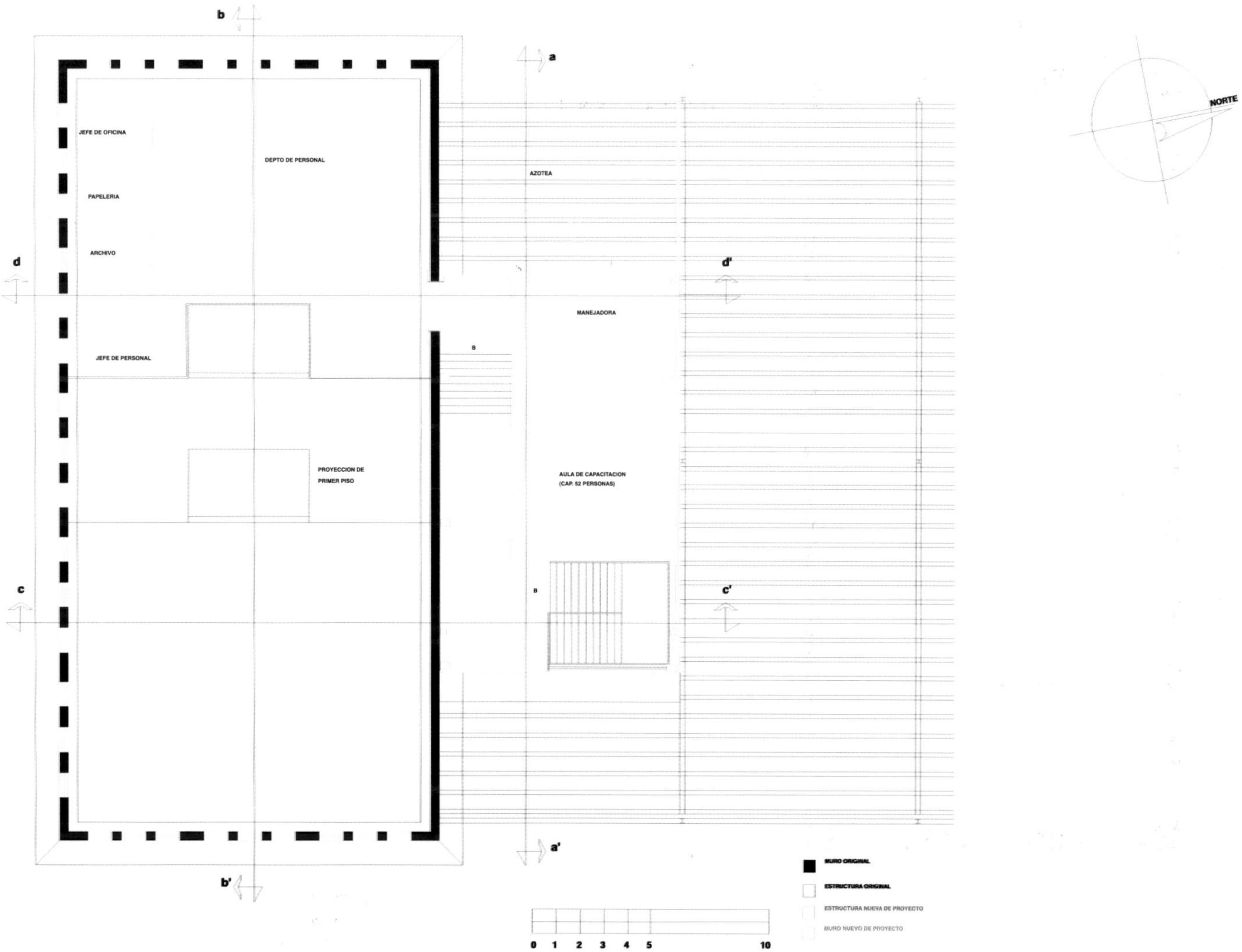

ARQUITECTONICA / NIVEL 3

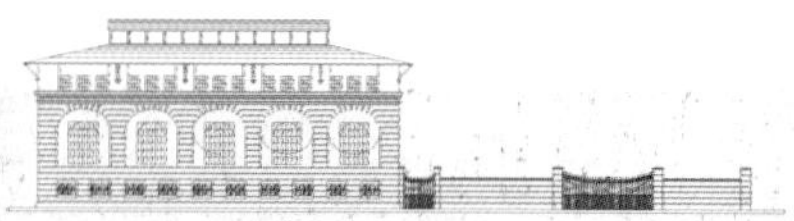

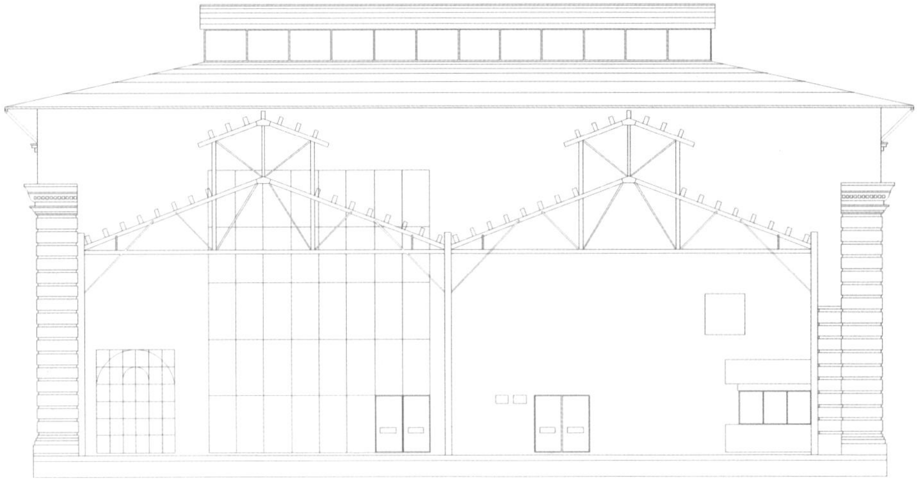

FACHADA NORTE

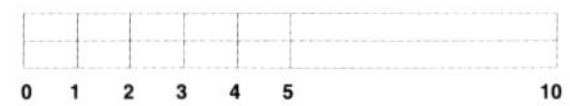

FACHADA OESTE

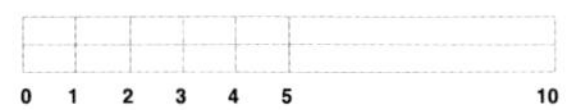

FACHADAS / NORTE • OESTE

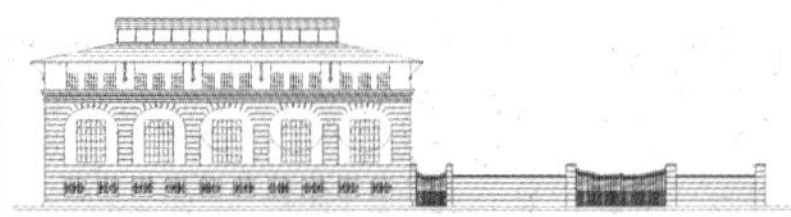

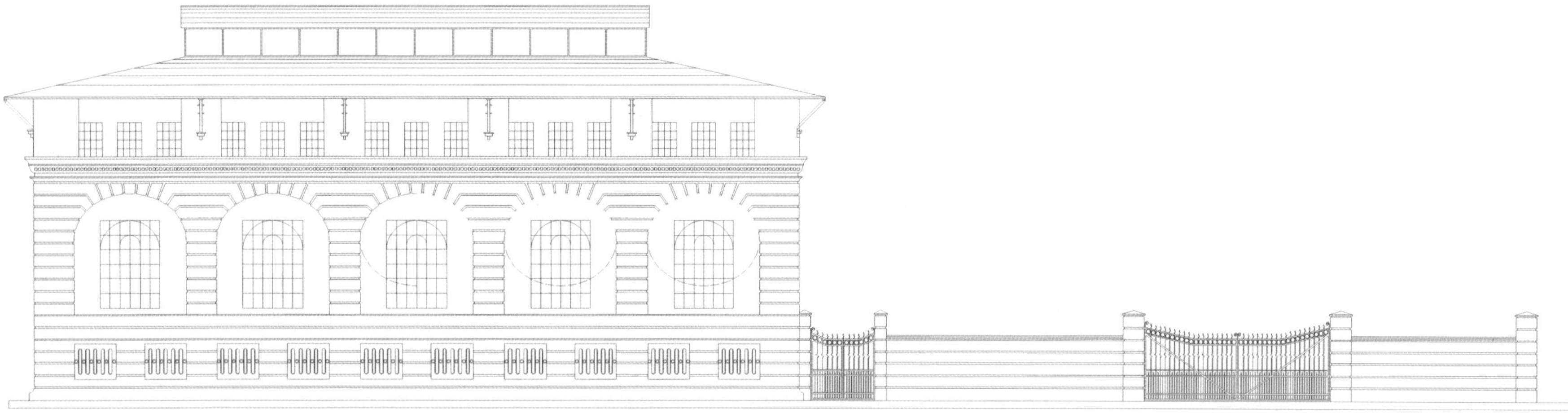

FACHADA SUR

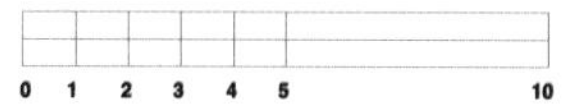

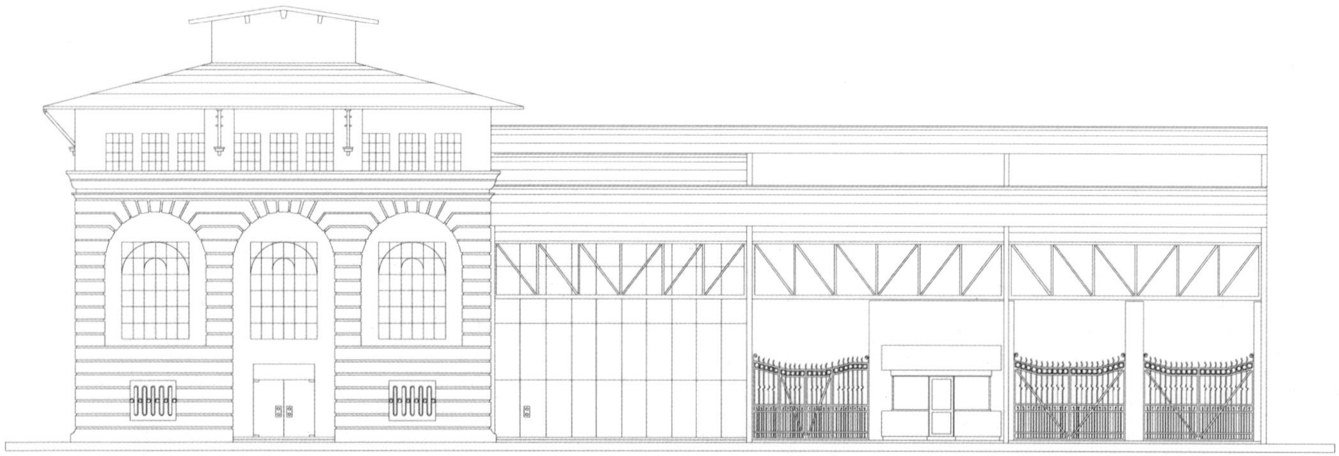

FACHADA ESTE

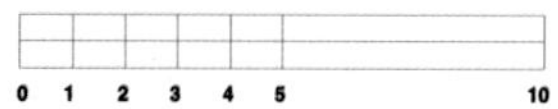

FACHADAS / SUR • ESTE

Proceso Constructivo

Introducción

Los procesos constructivos son la parte medular en la edificación de cualquier proyecto, normalmente se planean desde la concepción de la propuesta arquitectónica, más en una restauración toman un aspecto fundamental y de alto análisis técnico debido al hecho de conservar lo más posible en su estado original los elementos constructivos y a la vez lograr que los nuevos elementos sean compatibles con los anteriores. (Foto 1)

En el caso que nos atañe, estamos hablando de un edificio que originalmente fue creado como taller de reparaciones de los tranvías de Tampico y que su nuevo uso serán oficinas de la Comisión Federal de Electricidad, lo que provoca un cambio importante tanto en el funcionamiento como en la estructuración del edificio, con lo cual se tuvo que planear a detalle los procesos constructivos del mismo por un grupo de experto en las diferentes áreas que intervinieron a lo largo de la reconstrucción del inmueble. A continuación se hará una breve semblanza de cada uno de los procedimientos constructivos del edificio.

Trabajos Preliminares

Debido al la gran cantidad de tiempo que el edificio estuvo abandonado, fue necesario hacer estudios y trabajos previos en la edificación, esto para verificar su estabilidad y resistencia en principio y a la vez dejar en condiciones de operatividad los elemento que permanecerían. (Foto 2) (Foto 3)

En primer lugar se hicieron sondeos para verificar el tipo de suelo y la capacidad de carga del terreno. Así mismo se aprovecharon los sondeos para saber el tipo de cimentación y su estado actual, arrojando los siguientes resultados: Tipo de cimentación: Zapatas aisladas, su estado; bueno.

Lo anterior arrojo como resultado que de acuerdo con los expertos en estructuras, en este caso dirigidos por el Ing. José Luis Bujanos Leo Lim, acordaran que se realizara una estructura secundaria independiente de la actual estructura.

Por otra parte se realizaron trabajos de limpieza en la estructura existente por medio de cardas mecánicas con el fin de no reducir los espesores de la estructura de la techumbre y verificando sus espesores una vez terminada la limpieza para ver la factibilidad de uso, resultando aceptable su utilización. Simultáneamente se aplicaron herbicidas a las mamposterías con el fin de eliminar plantas que se habían desarrollado en estas a lo largo de los años.

Cimentación

Con el propósito de que la nueva estructura estuviera separada de la estructura original y a la vez utilizar una cimentación adecuada al tipo de terreno, ya que esta zona originalmente fue ganada a el canal de "La cortadura" se propuso una cimentación por flotación que a la vez sirviera de piso de la planta baja y que a continuación se describe:

Como ya se mencionó la cimentación utilizada fue una cimentación por flotación a base de una losa de cimentación de concreto f'c = 250 Kg/cm2 armada con acero AR42 del No. 4, de un espesor de 0.30 m, el acero se coloco en el lecho inferior y superior a cada 16 cm en ambos sentidos, solo en el lecho superior en claro largo se utilizó acero AR42 del No. 5. La cimentación incluía contratrabes de concreto armado de tres tipos: (Foto 4)

Contratrabe CT1: Con una sección de 80 x 110 cm, armada con 10 varillas del No. 8 (5 en lecho inferior y 5 en el lecho superior, así como cuatro varillas intermedias del No. 8 uniformemente repartidas) los estribos fueron con varillas del No. 3 @ 25 cm. , el concreto utilizado fue f'c = 250 kg/cm2.

Contratrabe CT2: Con una sección de 80 x 110 cm, armada con 12 varillas del No. 12 (5 en lecho inferior y 5 en el lecho superior, así como cuatro varillas intermedias del No. 8 uniformemente repartidas) los estribos fueron con varillas del No. 4 @ 25 cm. , el concreto utilizado fue f'c = 250 kg/cm2. (Figura 1) (Figura 2)

Contratrabe CT3: Con una sección de 80 x 110 cm, armada con 10 varillas del No. 8 (5 en lecho inferior y 5 en el lecho superior, así como cuatro varillas intermedias

del No. 8 uniformemente repartidas) los estribos fueron con varillas del No. 3 @ 25 cm. , el concreto utilizado fue f'c = 250 kg/cm2.

Contratrabe CT4: Con una sección de 80 x 110 cm, armada con 12 varillas del No. 12 (5 en lecho inferior y 5 en el lecho superior, así como cuatro varillas intermedias del No. 8 uniformemente repartidas) los estribos fueron con varillas del No. 4 @ 25 cm. , el concreto utilizado fue f'c = 250 kg/cm2.

Con el fin de formar el cajón de cimentación se utilizaron Joist 16H7 de 40 cm peralte a cada 1.20 m de separación, para posteriormente colocar losa acero Romsa sección 3 de calibre 24, posteriormente se coló una capa de compresión de concreto f'c = 200 Kg/cm2 armada con malla electrosoldada 6 x 6 – 6/6. (Figura 3)

Para sujetar los Joist a la losa de cimentación se colocaron placas de acero de 20 x 20 cm y de 3/8" de espesor con 4 anclas de 3/8" Ø y 30 cm de longitud.

Para lograr que la estructura nueva trabajase de manera independiente de la estructura existente, se dejó una separación entre la nueva cimentación y la estructura anterior de 1.3 cm. Para lograr lo anterior se coloco Flexpan de 1.22 x 1.00 x 0.013 m, fijado con clavos de acero de 2 •". En la parte inferior de la junta se colocó una tira de poliestireno de 8.80 x 10 cm a todo lo largo de la junta.

Estructura

Con el fin de no tener una estructura con un peso mayor a la existente y provocar cargas diferenciales que pudiesen producir deformaciones en esta, se tomo la decisión de que la nueva estructura, fuera ligera, por lo que se realizo de acero.

La estructura se diseño con elementos metálicos a base de marcos rígidos con columnas metálicas de 30 x 40 cm a base de 4 placas de 19 mm y 12 mm y trabes, soldadas utilizando joist como elementos portantes para la recepción de las láminas losas. (Figura 3)

Entrepisos

La losa de entrepiso fue realizada a base de joist 16H7 a cada 1.20, para posteriormente colocar lamina losacero Romsa sección 3 calibre 22, armada con malla electro soldada 6 x 6 10/10, concreto f'c = 200 kg/cm2.
El espesor de la losa una vez colada es de de 7 cm. (Figura 5)

Cubierta de Azotea

La cubierta de azotea se realizó aprovechando la estructura existente la cual se rehabilito, primeramente limpiándola por medios mecánicos, a través del uso de cardas. Una vez limpia se procedió a aplicarle un primario anticorrosivo para posteriormente aplicarle la pintura epóxica color verde.

Realizado lo anterior se procedió a colocar la cubierta, para lo cual se colocaron joist a base de Mon-ten 8 MT 10 x 10.70 Kg/m, de manera individual y en cajón a cada 1.20 m, los cuales recibieron las láminas multitecho 100 de 2", las que fueron ancladas por medio de pijas auto-roscantes. (Figura 6)

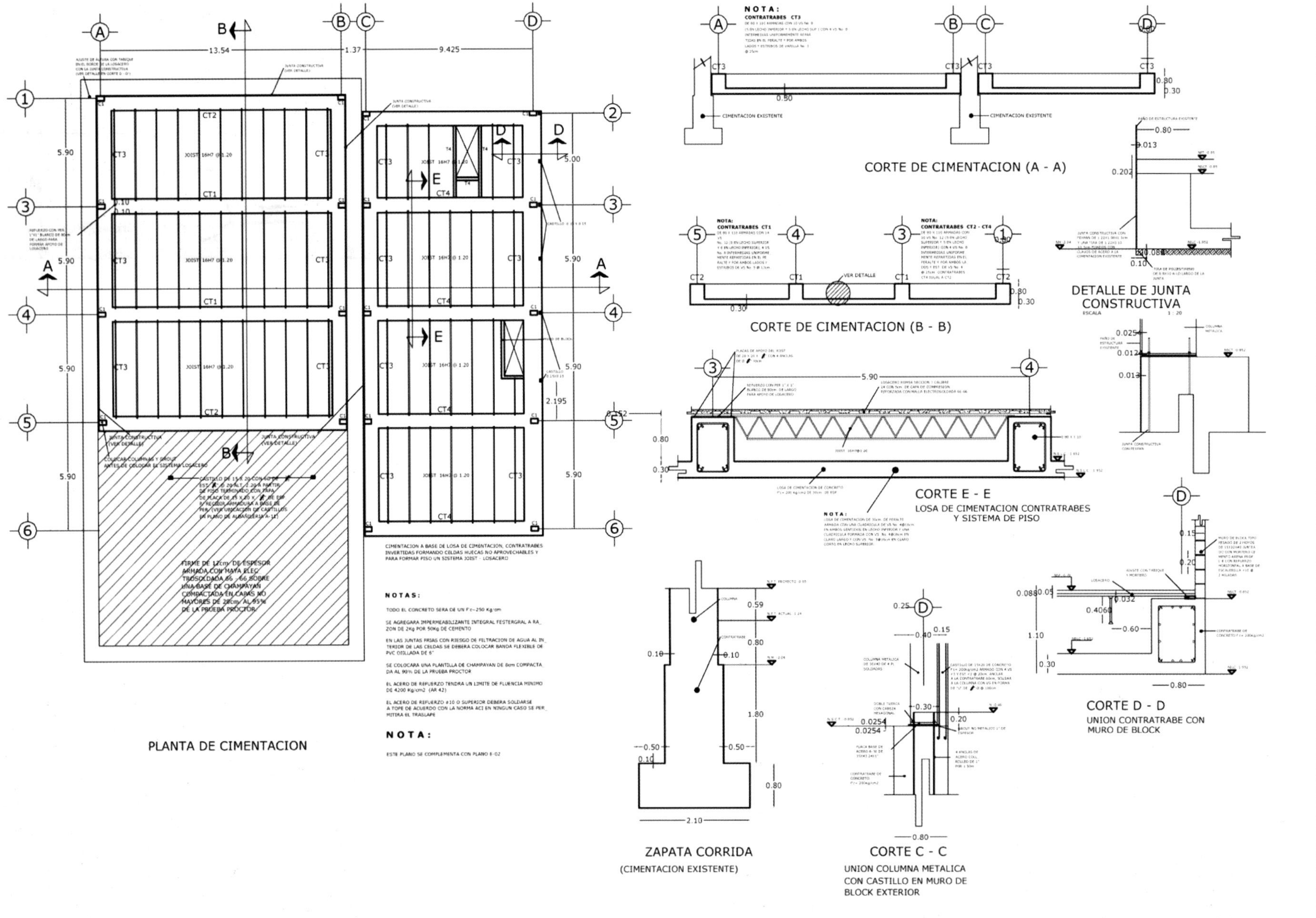

PLANTA DE CIMENTACION

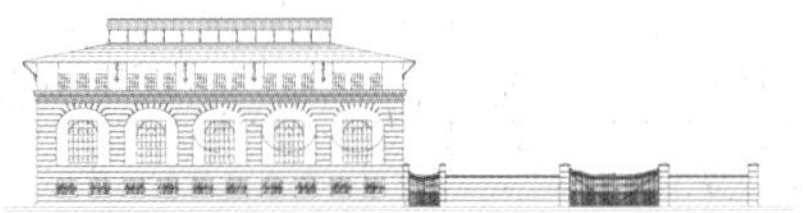

Muros Interiores

Los muros interiores fueron de tres tipos:

A) De mampostería a base de bloques de concreto de 15 x 20 x 40, juntados con mortero cemento – arena en proporción 1:3.

B) De tablaroca a base de perfil de lámina calibre # 12 y paneles de yeso de 1.22 x 2.44 en área de oficinas.

C) De panel "W" , recubiertos con mortero cemento – arena en proporción 1:3, en zona de baños. (Figura 7), (Figura 8), (Figura 9)

Muros Exteriores

Los muros exteriores son los originales de la estructura, los cuales son de concreto y mampostería, dichos muros fueron rehabilitados, por medio de la aplicación de herbicidas, con el fin de eliminar vegetación incrustada en los mismo. (Figura 10)

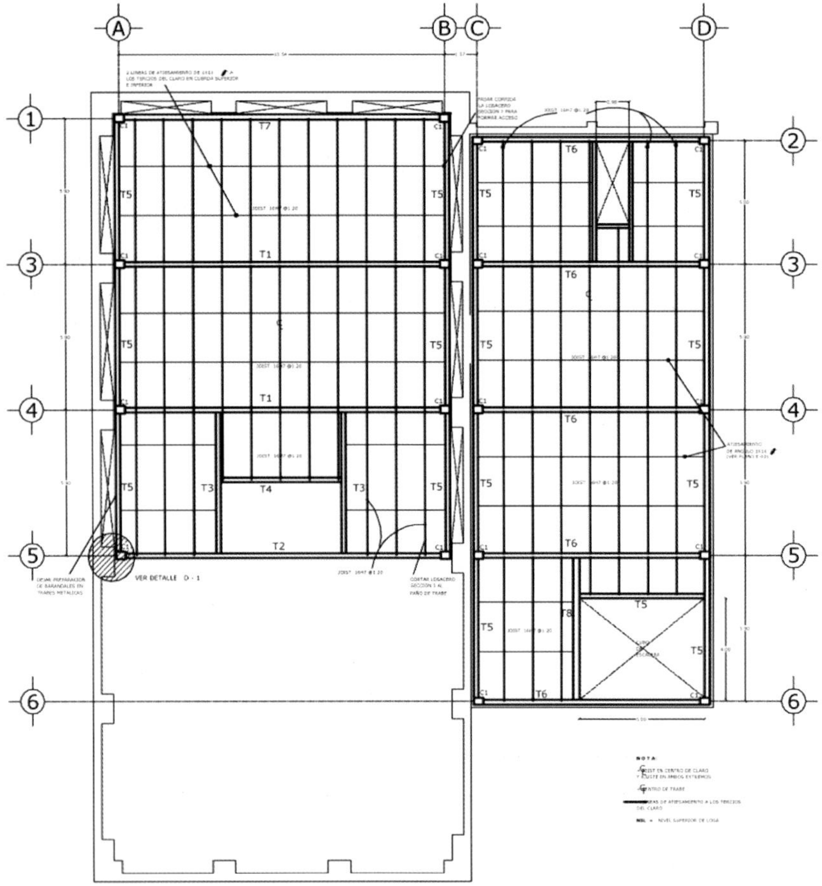

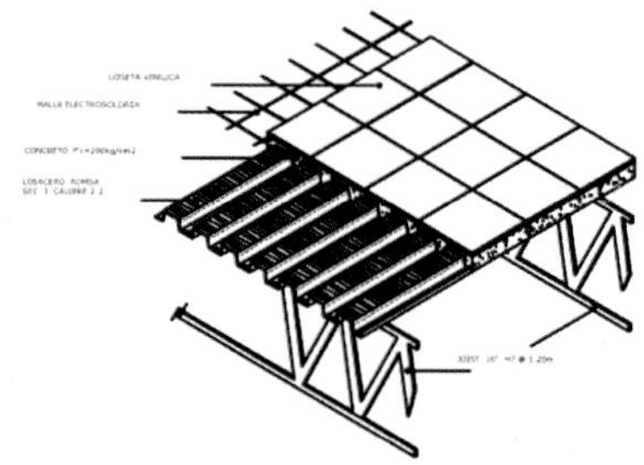

DETALLE DE LOSA

SISTEMA VIGA JOIST LOSACERO

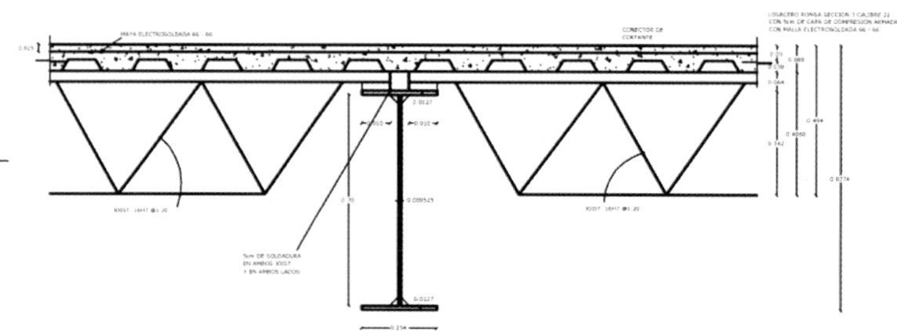

DETALLE JOIST

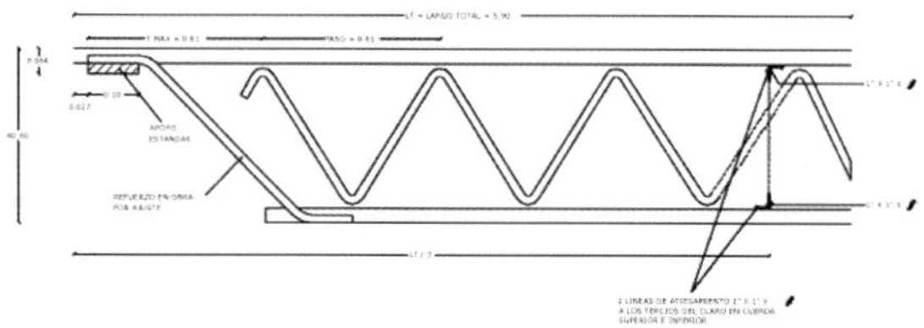

ESTE PLANO SE COMPLEMENTA CON **PLANO E - 03**

LOSA DE ENTREPISO (1)

DETALLE D - 1

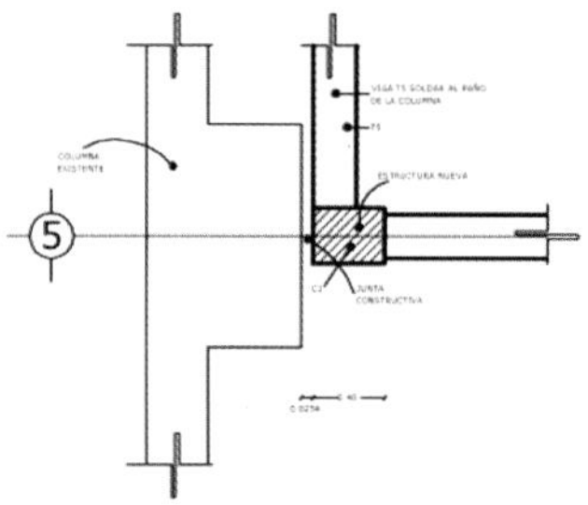

LOSA DE ENTREPISO 1

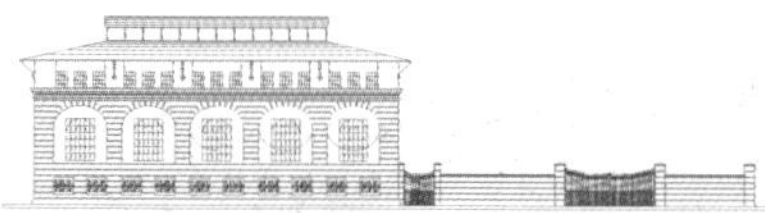

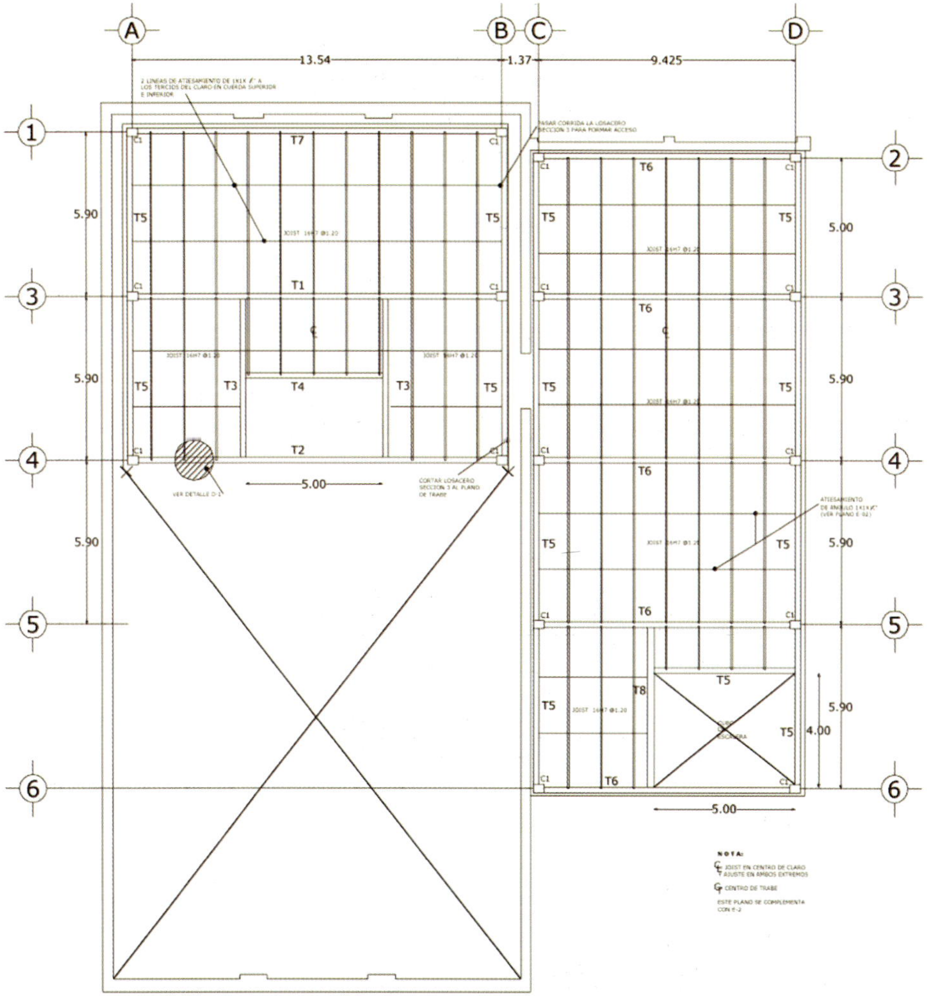

LOSA DE ENTREPISO (2)

DETALLES DE TRABES LONGITUDINALES

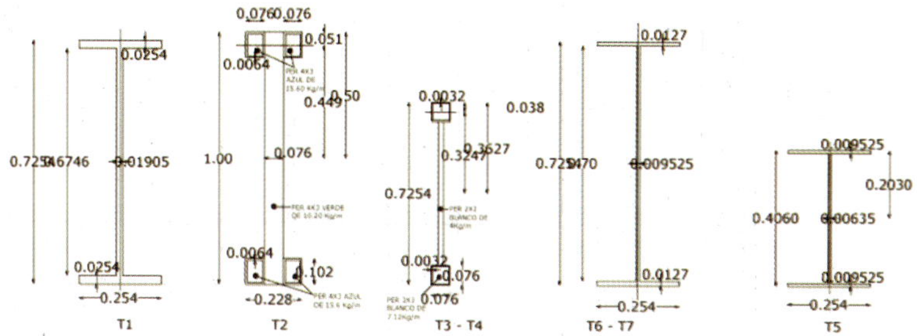

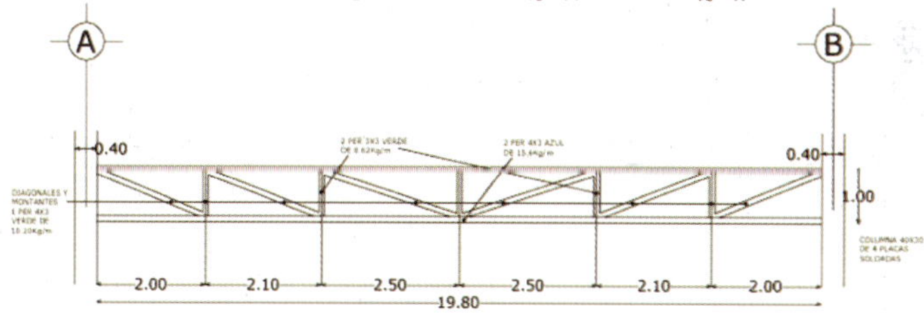

SECCION DE TRABE DE ALMA ABIERTA (T2)

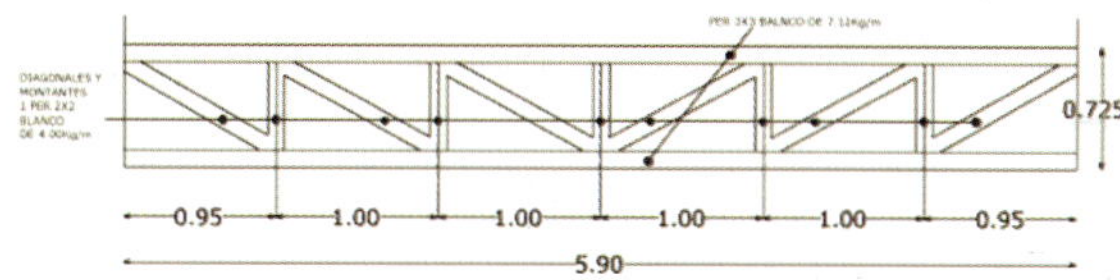

SECCION DE TRABE DE ALMA ABIERTA (T3 - T4)

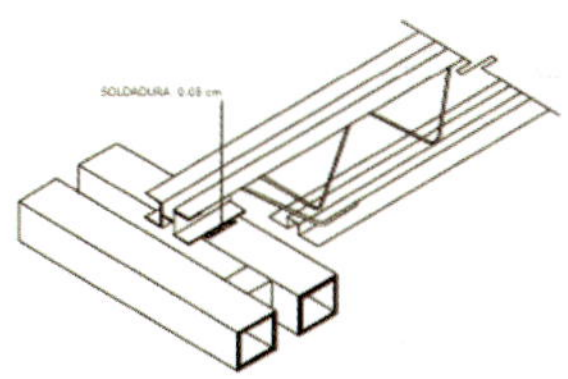

LLEGADA TIPICA A ARMADURA (D_1)

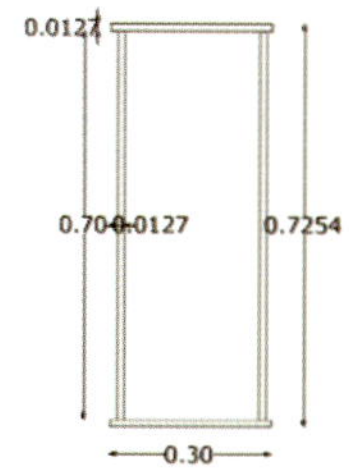

TRABE EN CAJON PARA ESCALERA (T8)

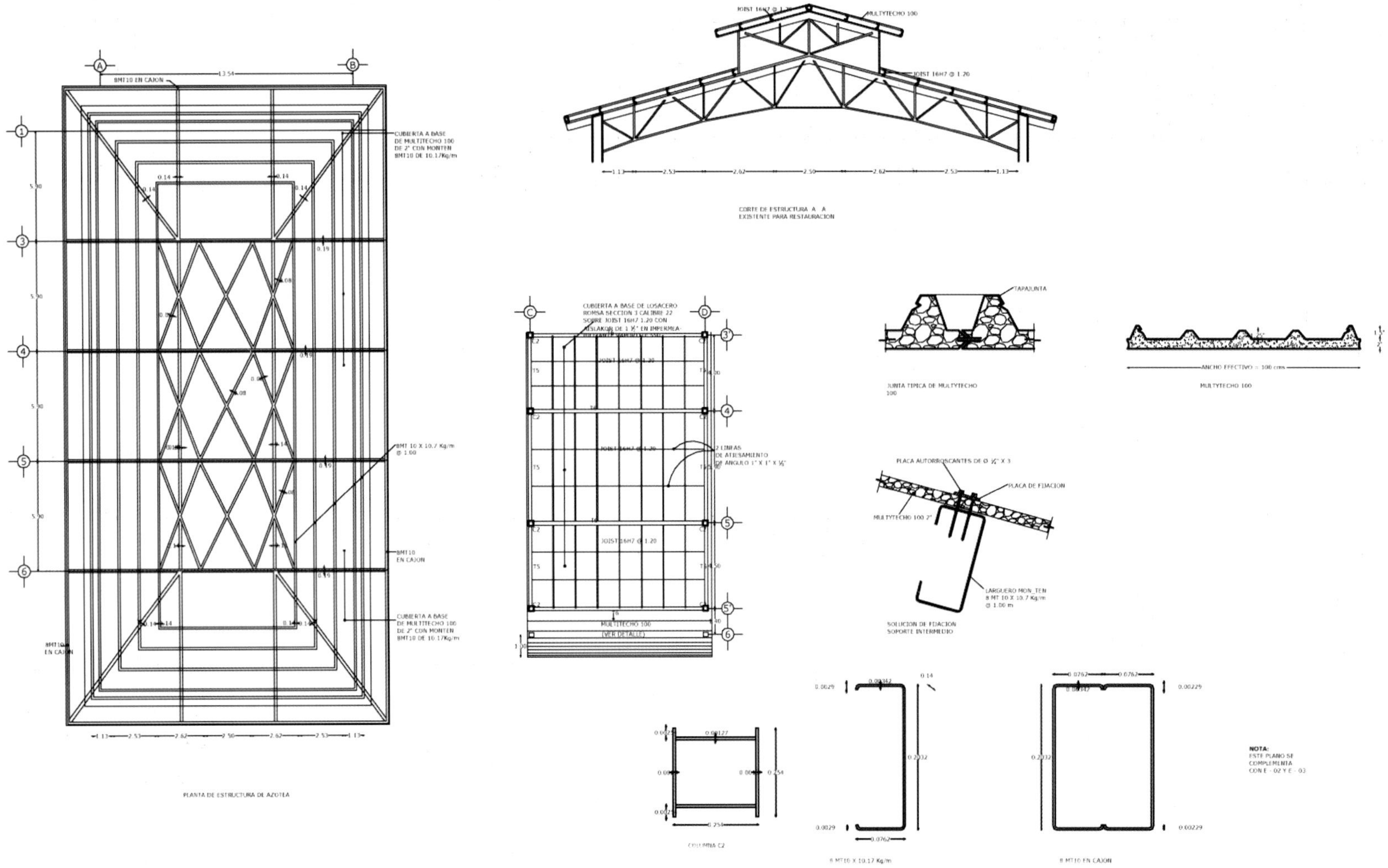

CUBIERTA DE AZOTEA

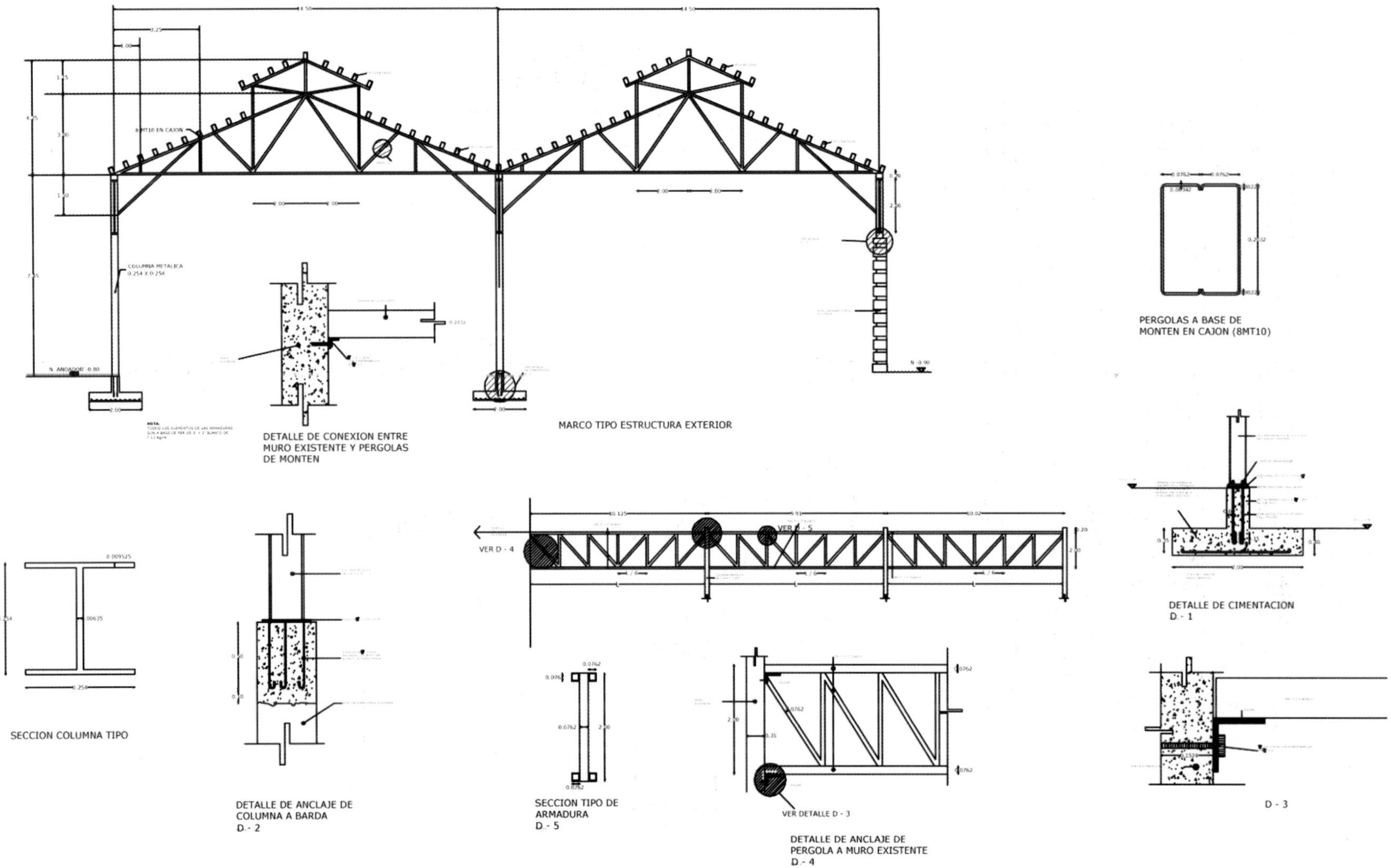

ARMADURA EXTERIOR

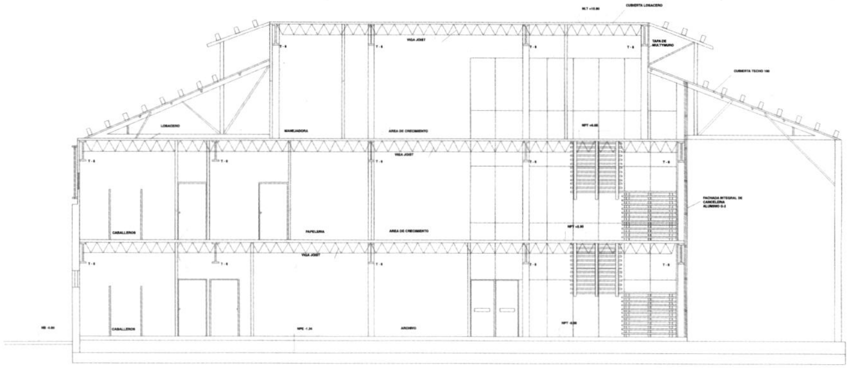

CORTE A - A'

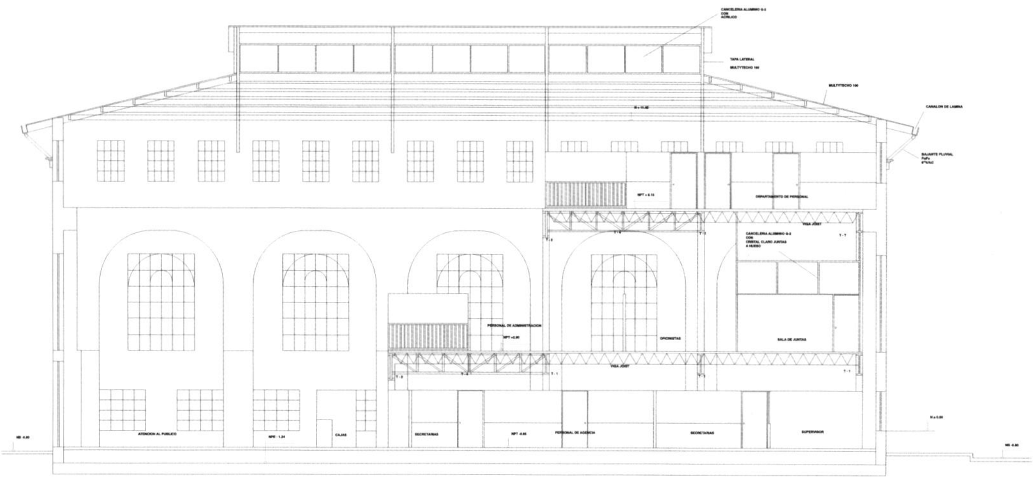

CORTE B - B'

CORTES / A-A′ • B-B′

PYCOPSA

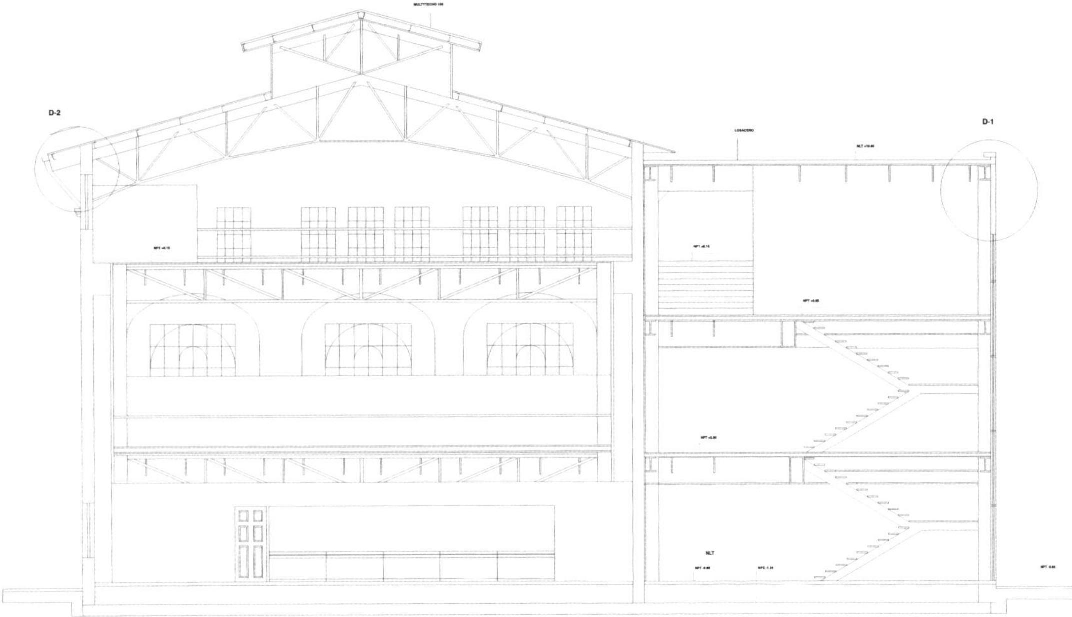

CORTE C - C'

NPT NIVEL DE PISO TERMINADO
NLT NIVEL DE LOSA TERMINADO
NPE NIVEL DE PISO EXISTENTE

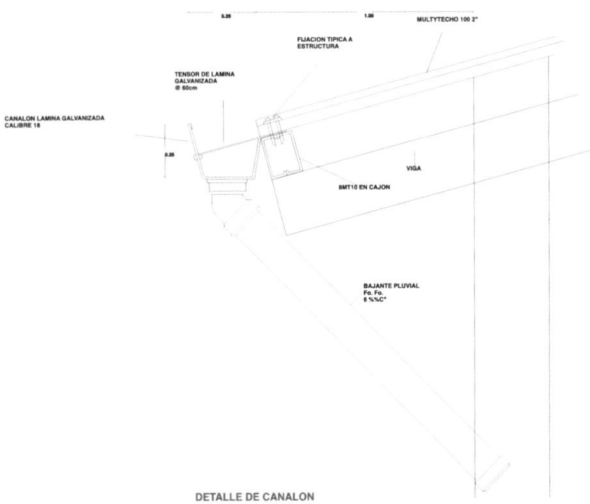

DETALLE DE CANALON

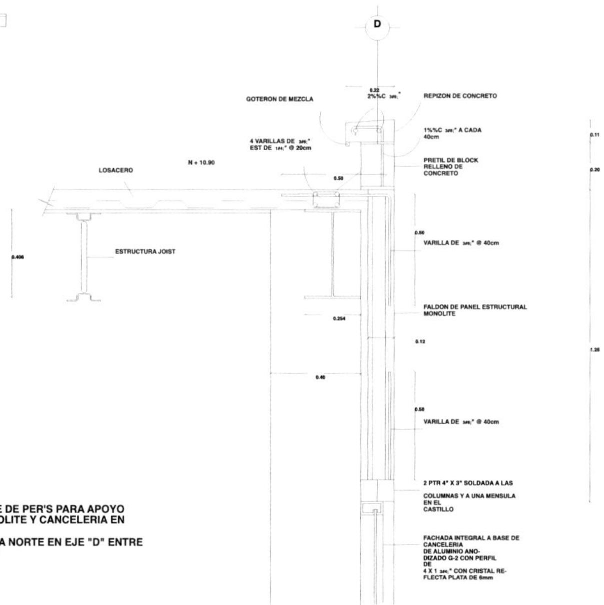

DETALLE DE PER'S PARA APOYO DE MONOLITE Y CANCELERIA EN

FACHADA NORTE EN EJE "D" ENTRE "4" Y "6"

CORTE C-C' • DETALLES

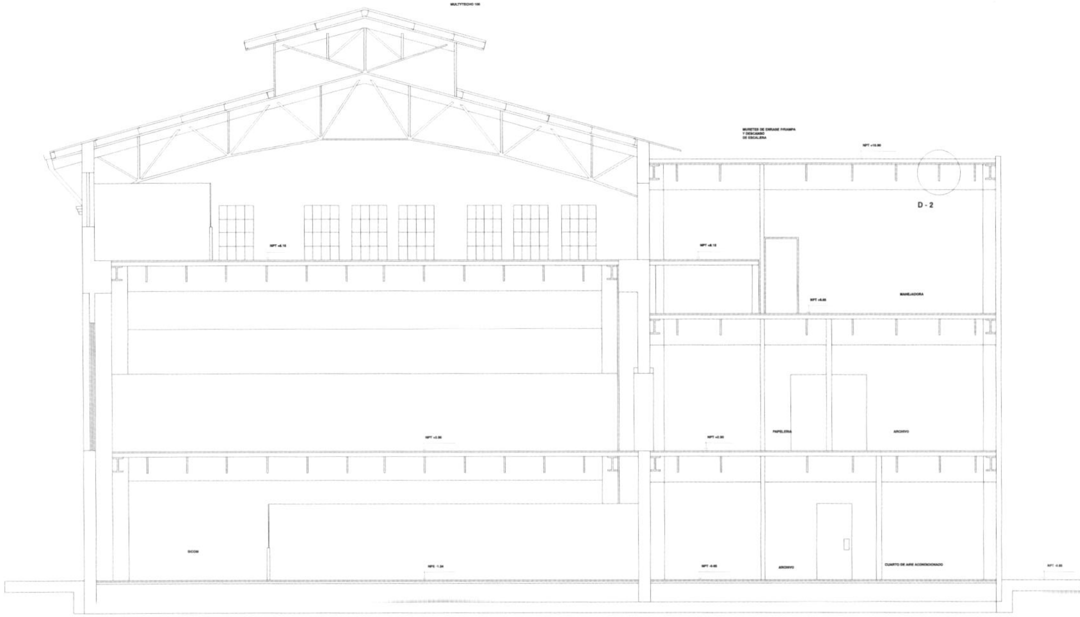

CORTE D - D'

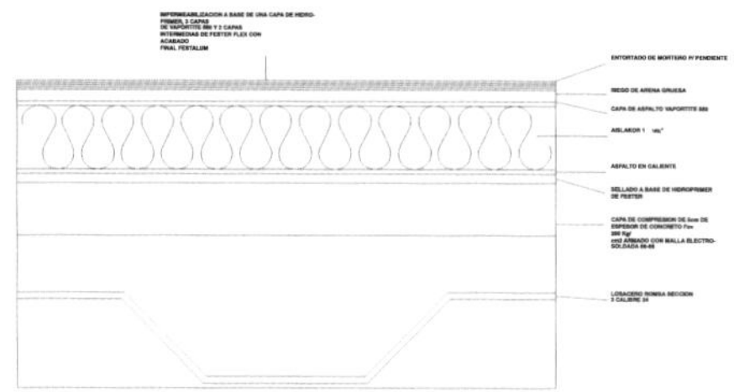

DETALLE DE IMPERMEABILIZACION EN

AZOTEA DE LOSACERO

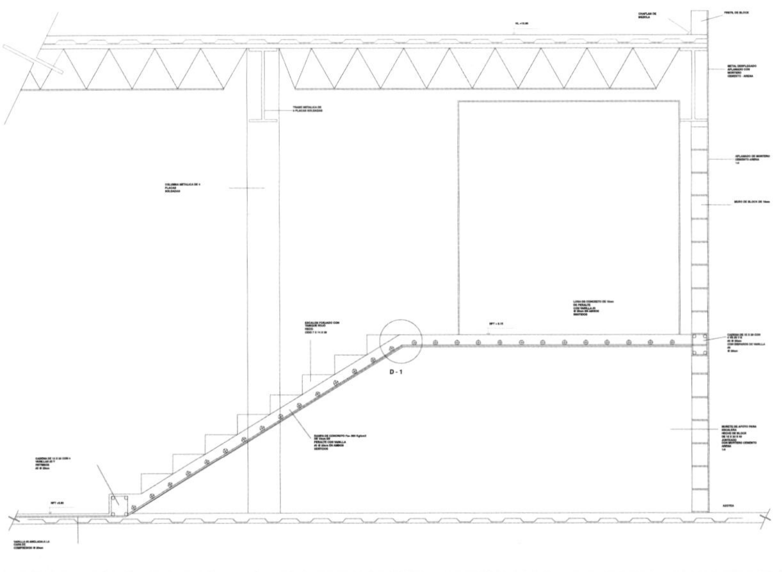

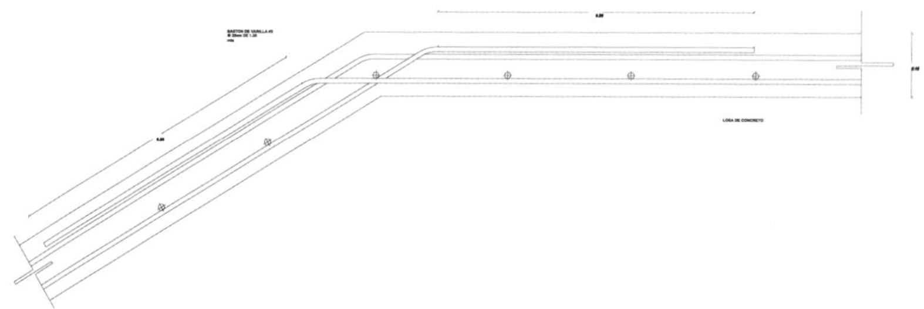

DETALLE DE RAMPA DE ESCALERA

D - 1

CORTE D-D' • DETALLES

INICIO DE LA CONSTRUCCION

Una vez entregado al propietario el Proyecto Ejecutivo de parte del Arq. Godard, COMISION FEDERAL DE ELECTRICIDAD convocó al concurso de obra mediante Licitación Pública.

La Constructora que ganó y construyó la obra hasta su terminación fue: PROYECTOS Y CONSTRUCCIONES DEL PUERTO, S.A. DE C.V. (PYCOPSA).

Dirigida por el Ing. Ramiro Flores Castillo actual Presidente de la CÁMARA MEXICANA DE LA INDUSTRIA DE LA CONSTRUCCION, TAMAULIPAS.

PYCOPSA inició el 23 de Octubre de 1995, la obra se terminó el 9 de Mayo de 1996. Participaron 150 colaboradores con un tiempo invertido de 270,000 horas hombre con cero accidentes.

INFORMACIÓN TÉCNICA DEL CONSTRUCTOR:

Area de construcción y remodelación:	498.00 m2
Area de edificación nueva :	231.00 m2
Area de estacionamiento:	2,495.00 m2
Area peatonal exterior:	478.00 m2
Area de jardinería:	895.00 m2
Total de m2 construidos:	4,587.00 m2

Volumen de estructura metálica rehabilitada y construida:	210.00 ton.
Área techada con multipanel:	571.00 m2

Sub-estación: 300 kva

Con 85 ton. de refrigeración de aire acondicionado.

ING. RAMIRO FLORES CASTILLO

DIRECTOR GENERAL DE PYCOPSA

Instalaciones

Las instalaciones que se incorporaron al edificio, fueron diseñadas de tal manera que no afectarán a la estructura original, por lo que todas las instalaciones nuevas quedaron incluidas en la nuevas estructura, creándose ductos especiales para contenerlas, a continuación se describen las más importantes:

1. Sanitaria

Toda la instalación sanitaria esta realizada con tubería de P.V.C. sanitario, se utilizaron conexiones de P.V.C, toda la instalación esta por ductos previamente diseñados para alojar dichas instalaciones.

Los diámetros utilizados fuerón de 4″ (100 mm) para las secciones que transportan materia fecal y de 2″ (50 mm) para tuberías que transportan aguas grises y tubos de ventilación. (Figura 11)

2. Hidráulica

La instalación hidráulica esta construida a base de tubos de cobre tipo "M" de diferentes diámetros que van desde •″ (13 mm), hasta 1 •″ (38 mm), juntadas con soldadura de estaño – plomo 50 x 50, las conexiones fueron de bronce de diversos diámetros. A dichas tuberías se le hizo prueba hidrostática a 7 kg/cm2. (Figura 12)

3. Pluviales

Las aguas pluviales se reciben por medio de un canal perimetral de lámina galvanizada, a dicho canal se conectan las bajantes pluviales que de 4″ (100 mm) las cuales cuentan con coladeras de cúpula marca Helvex Mod. 444.

El desagüe se hace por medio de unos conductos en banquetas, descargando al arroyo de la calle. (Figura 12)

4. Contra Incendio

La instalación contra incendio se compone de dos tomas siamesas de 2 •" (68 mm), la tubería de alimentación principal es de 3" (75mm) de fierro galvanizado cedula 40, con protección catódica, el sistema se completa con un equipo contra incendio, el cual cuenta con una bomba de motor eléctrico y otro de motor de gasolina de 5 HP cada una de acuerdo con las normas NFPA. (Figura 13)

Anexo Planos

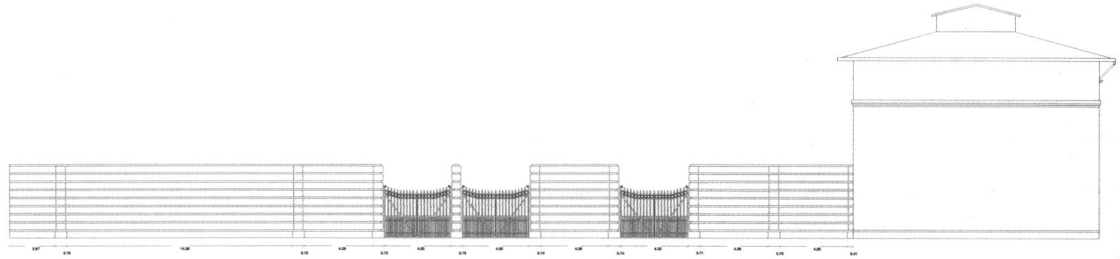

ALZADO BARDA FACHADA OESTE

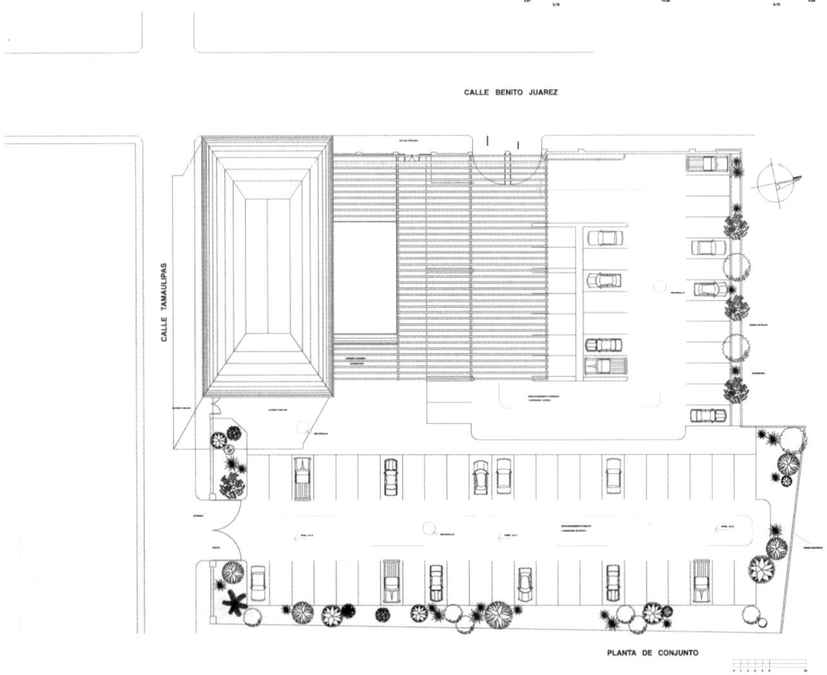

PLANTA DE CONJUNTO

DETALLE DE PAVIMENTO

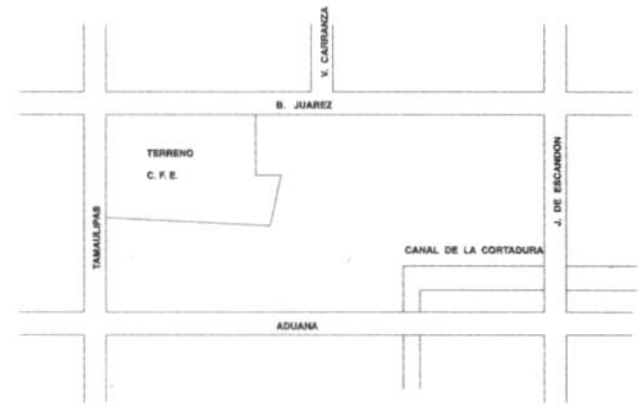

LOCALIZACION

DETALLE DE PAVIMENTO ESTACIONAMIENTO.

PLANTA DE CONJUNTO / LOCALIZACION

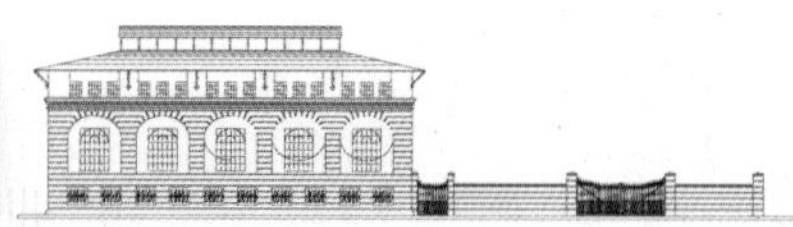

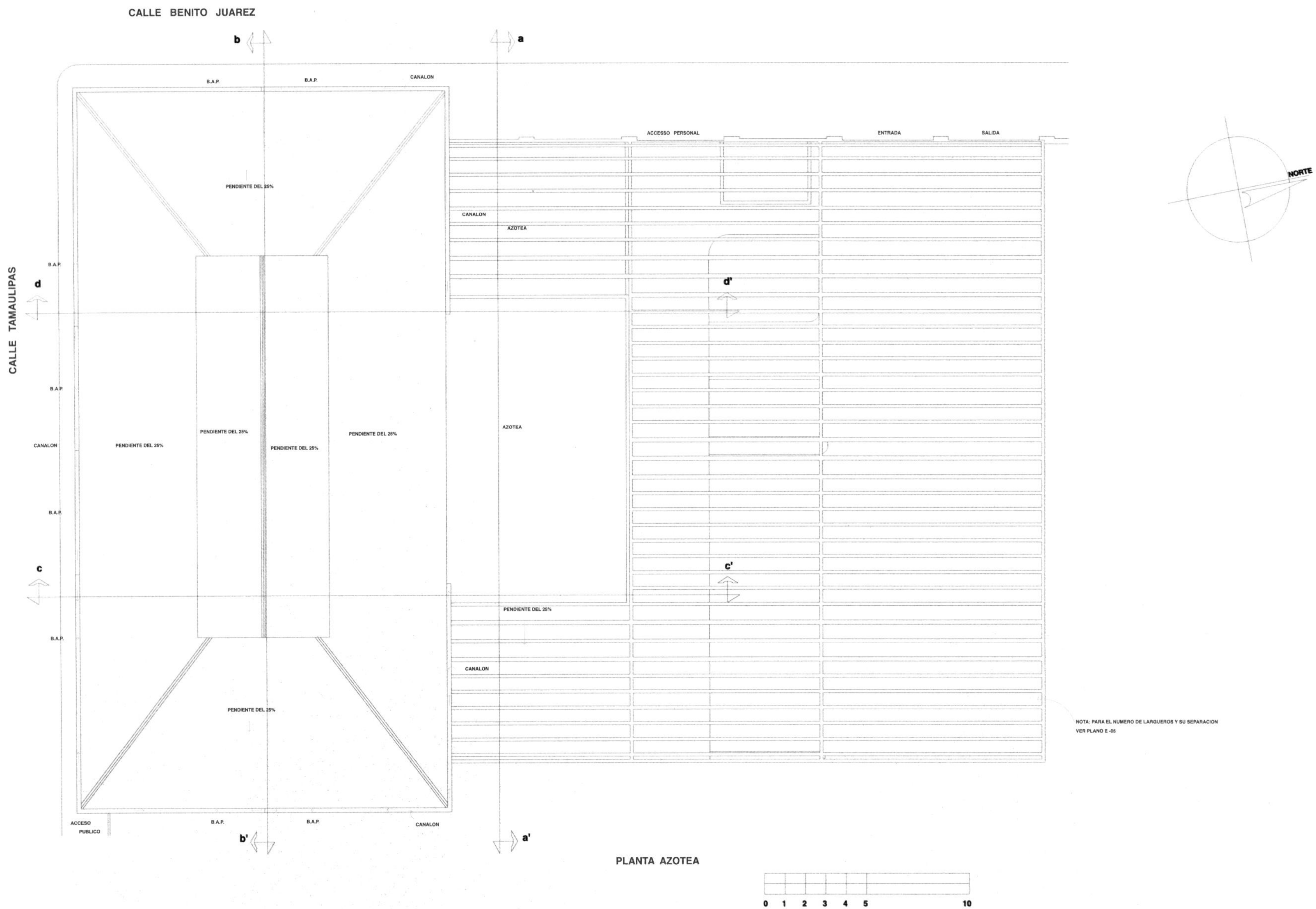

PLANTA DE CUBIERTAS

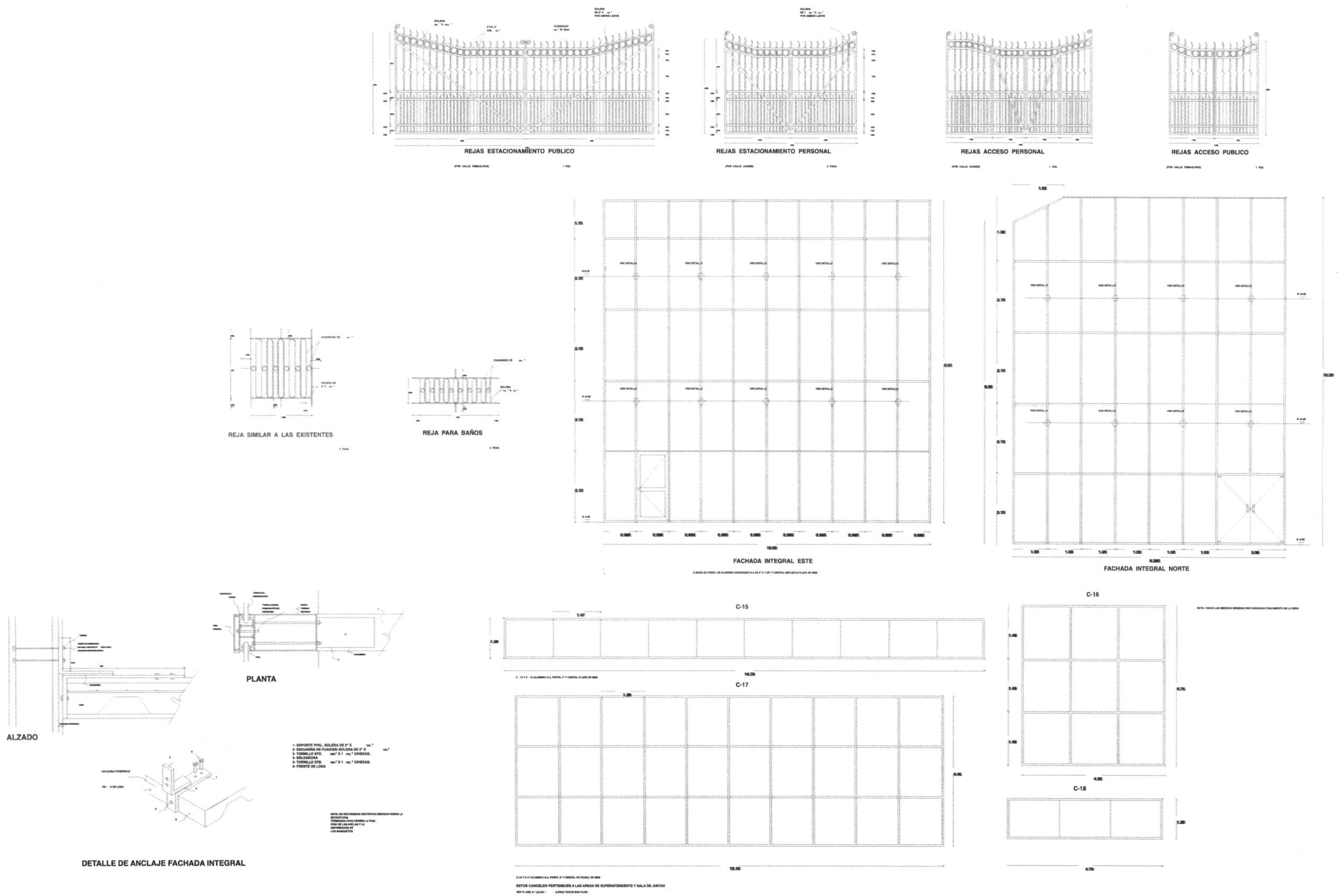

HERRERIA / CANCELERIA

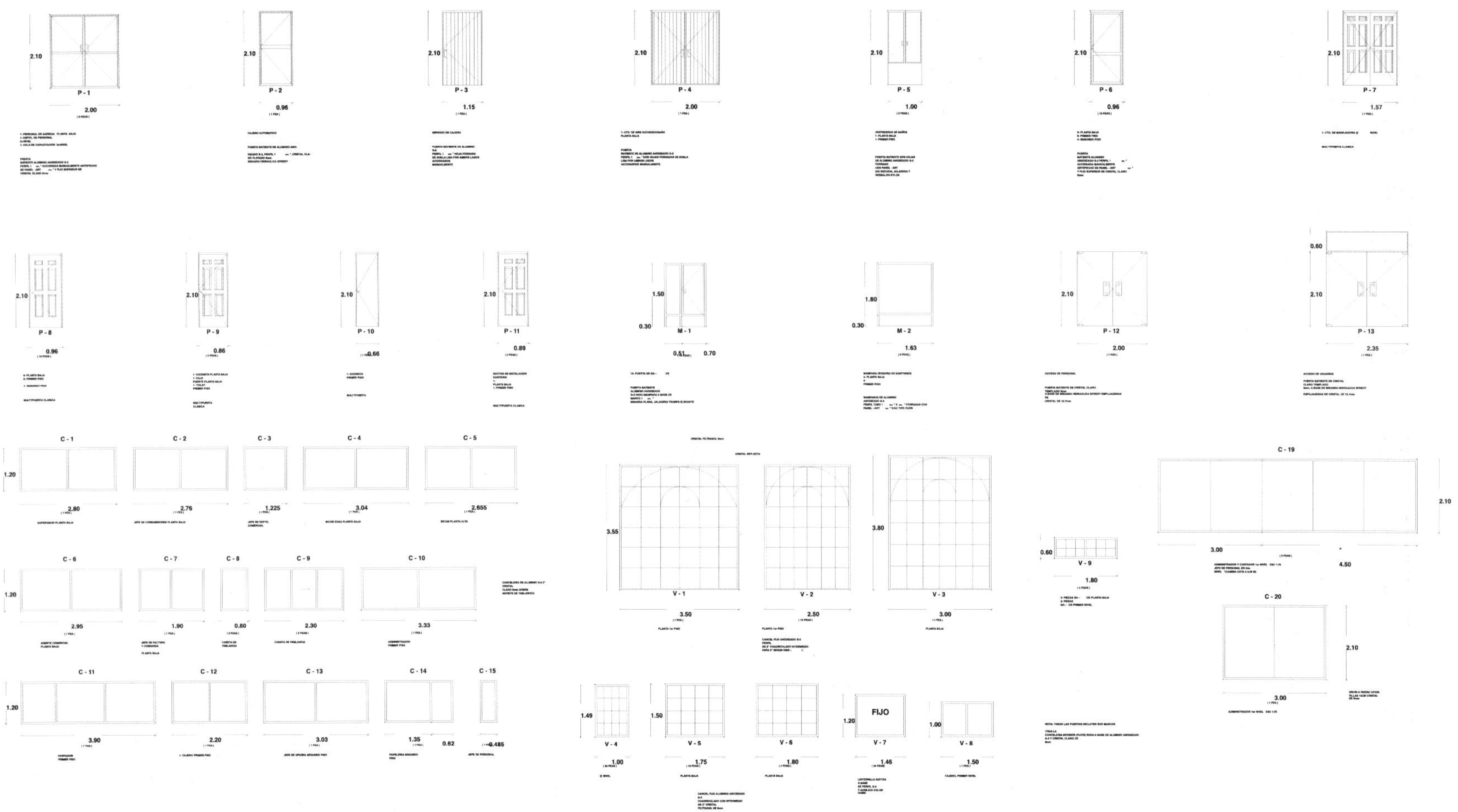

CANCELERIA

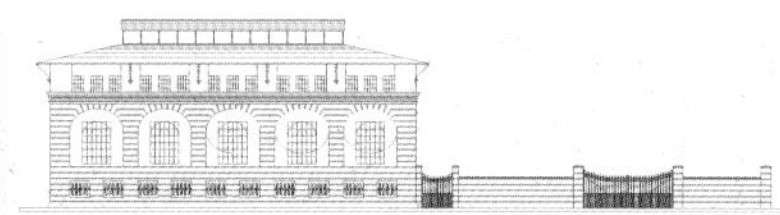

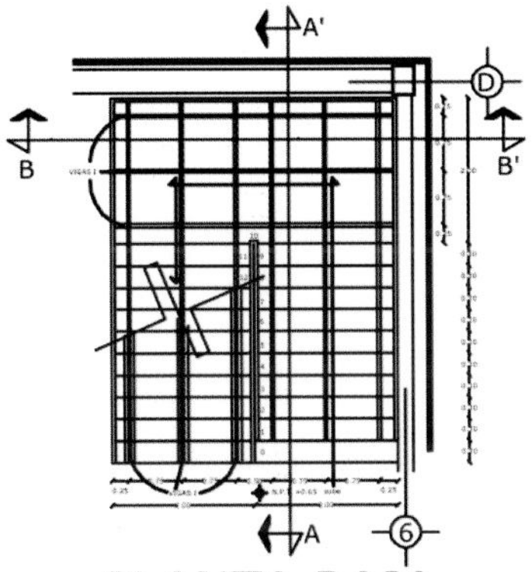

PLANTA BAJA

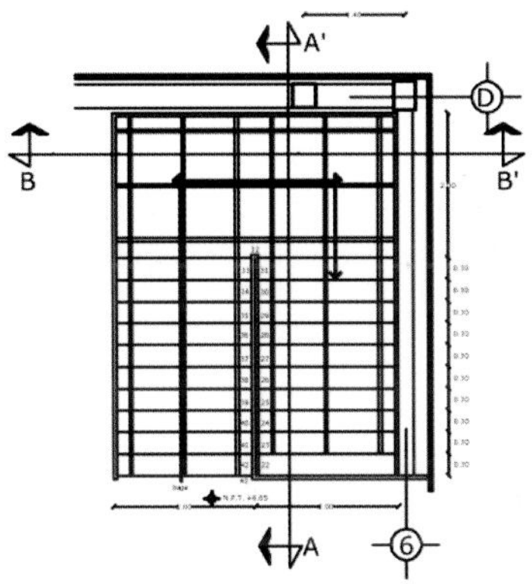

SEGUNDO PISO

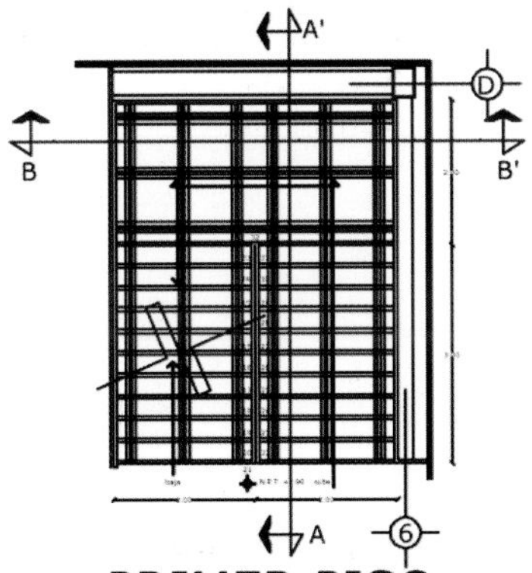

PRIMER PISO

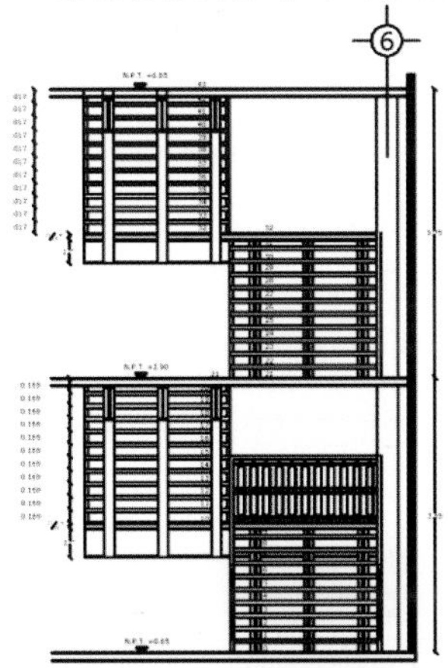

ALZADO FRONTAL

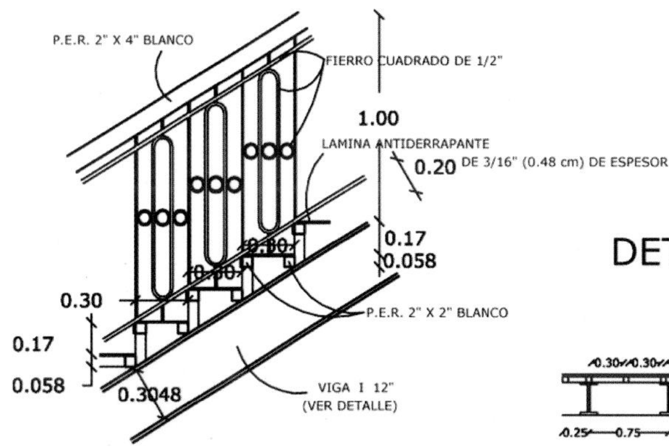

DETALLE ESCALON
Y BARANDAL

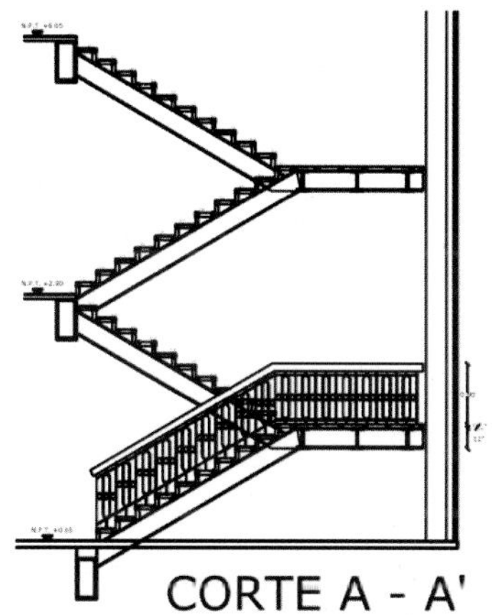

CORTE A - A'

NOTA: NO SE DIBUJA EL BARANDAL COMPLETO PARA NO INTERFERIR EL DIBUJO DE LOS ESCALONES Y VIGA

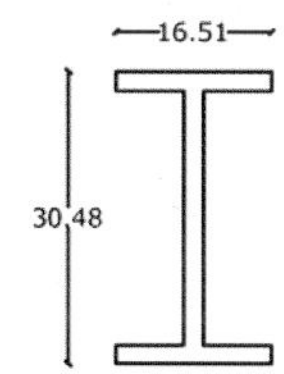

DETALLE VIGA I 12"

ACOT EN CM.

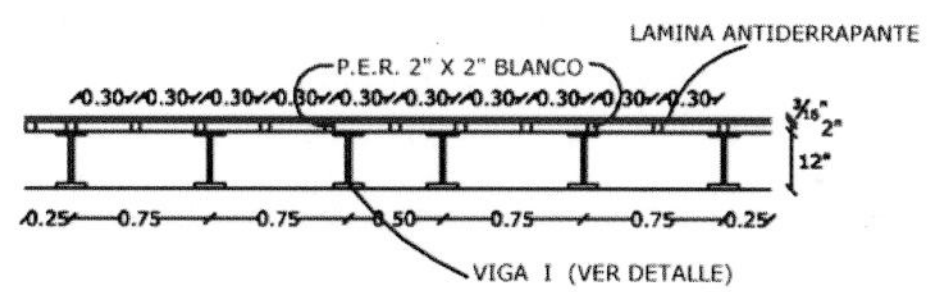

CORTE B - B'

NOTA: AMBOS DESCANSOS SON IGUALES, POR ESO NO SE DIBUJA EL OTRO

ESCALERAS

Anexo Fotográfico

CFE CFE CFE CFE

Bibliografía

Entrevista del Sr. Jesús C. Hidalgo en la REVISTA TAMAULIPAS

Carlos Gonzalez Salas "Acercamiento a la historia del movimiento obrero en tampico 1877-1983" Instituto de Investigaciones Históricas de la U.A.T.

Ignacio Fuentes y Juan Manuel Torrea "Tampico apuntes para su historia", Tampico 1942

Joaquín Meade .-"La huasteca tamaulipeca" Tomo II U.A.T.

Marco A. Flores Torres, "Esbozo de la Laguna del Carpintero"

Compilación y títulos, Lic. Marco A. Flores Torres cronista adjunto deTampico